中国俗文化丛书

媒人

丛书主编 高占

吴存浩 著

山东教育出版社

·济南·

图书在版编目（CIP）数据

媒人 / 吴存浩著 . — 济南：山东教育出版社，2017.2（2024.3重印）
（中国俗文化丛书 / 高占祥主编）
ISBN 978-7-5328-9311-9

Ⅰ. ①媒… Ⅱ. ①吴… Ⅲ. ①婚姻 - 风俗习惯 - 中国 Ⅳ. ①K892.22

中国版本图书馆CIP数据核字（2016）第052105号

ZHONGGUO SUWENHUA CONGSHU
MEIREN

中国俗文化丛书　　高占祥　主编
媒　人　　吴存浩　著

主管单位：山东出版传媒股份有限公司
出版发行：山东教育出版社
地址：济南市市中区二环南路2066号4区1号　　邮编：250003
电话：（0531）82092660　　网址：www.sjs.com.cn
印　　刷：山东华立印务有限公司
版　　次：2017年2月第1版
印　　次：2024年3月第2次印刷
开　　本：787毫米 × 1092毫米　1/32
印　　张：7.5
字　　数：100千
定　　价：49.80元

中国俗文化丛书
编 委 会

中国俗文化丛书

主　　编：高占祥
执行主编：于占德
副 主 编：于培杰
　　　　　叶　涛
　　　　　刘德增

序

在中华民族光辉而悠久的历史传统文化中，俗文化占有十分重要的地位。它不仅是雅文化不可缺少的伴侣，而且具有自身独立的社会价值。它在中华民族的发展历程中，与雅文化一起描绘着中华民族的形象，铸造着中华民族的灵魂。而在其表现形态上，俗文化则更显露出新鲜、明朗、生动、活跃的气质。它像一面镜子，折射出一个民族、一个地区的风土人情和生活百态。从这个角度看，进一步挖掘、整理和发扬俗文化是文化建设的一项战略任务。

俗文化，俗而不厌，雅美而宜人。不论是具体可感的器物，还是抽象的礼俗，读者都可以从中看出，千百年来，我们的祖先是在怎样的匠心独运中创造出如此灿烂的文化。我们好像触到了他们纯正的品格，听到了他们润物的声情，看到了他们精湛的技艺。他们那巧夺天工的种种创造，对今人是一种启迪；他们那健康而奇妙的审美追求，对后人是一种熏陶。我们不但可从这辉煌的民族文化中窥见自己的过去，而且可以从中展望美好的明天。

俗文化，无处不在，丰富而多彩。中华民族，历史悠久，地大物博，人口众多，在长期的生活积淀中，许多行为，众多器物，约定俗成，精益求精。追根溯源，形成系列，构成体系，展示出丰厚的文化氛围。如饮食、礼俗、游艺、婚丧、服饰、教育、艺术、房舍、变迁、风情、驯化、意趣、收藏、养生、烹饪、交往、生育、家谱、陵墓、家具、陈设、食具、石艺、玉器、印玺、鱼艺、鸟艺、鸣虫、镜子、扇子等等，都是俗文化涉及的范围。诚然，在诸多领域里，雅俗难辨，常常是你中有我，我中有你，彼此交叉，共融一体；有的则是先俗而后雅。

俗文化，古而不老，历久而弥新。它在人们的身边，在人们的生活中，无时无刻不影响人们的思想、观念和情趣。总结俗文化，剔除其糟粕，吸收其精华，对发扬民族精神，增强民族自信心，提高和丰富人民生活，都具有不可忽视的意义。世界文化是由五彩斑斓的民族文化汇成的，从这个意义上讲，愈是民族的，就愈是世界的。因此，我们总结自己的民俗文化，正是沟通世界文化的桥梁。这是发展的要求，时代的召唤。

这便是我们编纂出版这套《中国俗文化丛书》的宗旨。

目录

一　媒妁，似乎也有个起源

古往今来，人类总爱回首往事。历史的灰尘虽把过去的现实埋了个严严实实，但是，勤劳的后人仍不辞辛苦，运足了气力，刨开历史的尘封，去探讨事物的起源。人类的这种总爱唠叨明日黄花的秉性，绝不是为了其他，而是为了抹去历史的尘埃，还事物本来面貌的同时，探求和发扬人类最美好的精华，以去构筑现实社会的宏伟大厦，去塑造人类生活的美好神韵。

为此，一代代史学家、文学家、思想家不懈地奋斗了下去，在探索着人类的生生死死，社会的潮起潮落。其中，一个重要方面是婚姻和爱情这个似乎永不泯灭的人类主题。

爱情是伟大的，永恒的；婚姻是圣洁的，美好的。但是，与爱情和婚姻曾有着一定关系的媒妁，在其中又曾发挥过何种作用呢？这大概是一个被人们所冷淡的历史角落。尽管，这曾是一个五彩缤纷而又热闹异常的历史一幕。

（一）远古婚姻，无需媒妁

在中国古代文献中，“媒”字最早见于《诗经·卫风·氓》中：“匪我愆期，子无良媒”。而“媒妁”一词最早见于《孟子·滕文公下》：“不待父母之命，媒妁之言钻穴隙相窥，逾墙相从，则父母国人皆贱之。”在这里，“媒”与“媒妁”两者皆指婚姻说合人而言。对此，许慎《说文解字》曰：“媒，谋也，谋合二姓者也”；“妁，酌也，斟酌二姓者也”。可见，媒妁所从事的活动就是要将代表两姓的男女，经过其“谋合”或“斟酌”而使之结为夫妻，组建起一个家庭来。这表明，媒妁之来历可谓久矣。

不过，翻开人类历史，在远古时代，男女的媾和是自由的、随意的，与人类已有 300 万年漫长岁月相比，媒妁被视为婚媾所不可缺少的中介人的历史实在是太短暂了。

正是因为如此，在我国，似乎存在着一个颇有趣味的历史怪现象，即汉族上古时代的帝王，几乎皆为感天而生：

“炎帝，神农氏，姜姓，母曰女登，为少典纪，感神龙而生炎帝，人身牛首。”（《史记·补三皇纪》）

“黄帝母附宝，见大电光绕北斗权星，照耀郊野，感而孕二十五月，而生黄帝轩辕于青丘。”（《玉函山房辑佚书》辑《河图稽命徵》）

“尧母庆都与赤龙合昏，生伊耆，尧也。”（《太平御览》引《春秋合诚图》）

“帝舜母纵华，感枢星而生舜。”（《初学记》引《尚书帝命验》）

“禹母见流星贯昴，梦接意感，既而吞神珠而生禹。”（《太平御览》引《孝经钩命决》）

如此等等，不一而足。汉族是炎黄子孙，尧舜禹是被历代所推崇的中华民族上古时代的圣贤。但是，这样一些著名人物的父亲是谁竟然无人知晓。于是，为避“私生子”之嫌，也为宣扬“天人感应”、“君权神授”的唯心主义理论，儒家学者们便编造了“感天而孕”的神话。

其实，这实在是画蛇添足之作。中华民族上古时代圣贤皆不知其父是谁的所谓“怪现象”，恰恰反映的是无需媒妁远古婚媾时代的那种“知其母而不知其父”的最真实、最生动的历史本来面貌。

与有“媒妁之言”的一夫一妻制相比较，无需媒妁的远古婚媾不仅其历史显得更为悠久和漫长，而且其婚姻形式也显得更为多种多样。对此，古代学者们以“男女杂游，不媒不聘”（《列子·汤问》）而一言以蔽之，近现代研究婚姻制度史的学者则按人类婚姻的发展顺序，大致罗列了以下几种婚姻风俗：

其一，谓之“杂交群婚”，或谓之“乱婚”等。所谓“杂交群婚”，系指在原始人群时期，在性的关系上也存在着“一个同从动物状态向人类状态过渡相适应的杂乱的性交关系的时期”。① 在这个时期内，在同一原始人群中，不仅兄弟姐妹之间可以发生性关系，而且连父母和子女之间的性交也被看作是合乎情理的事情。因而，后世婚姻所具有的任何禁忌，习俗所规定的有关婚姻的任何限制，在那个时代是根本荡然无存的。

对于这种婚姻形态，人类似乎还有着一点朦胧的记忆。于是，中国的古代文献中便保留着在后人看来众多不可思议

---

①《马克思恩格斯选集》第4卷，人民出版社1972年版，第30页。

的记载。《吕氏春秋·恃君览》曾云："昔太古尝无君矣，其民聚生群处，知母不知父，无亲戚、兄弟、夫妻、男女之别，无上下、长幼之道。"《列子·汤问篇》说得更为全面："长幼侪居，不君不臣。男女杂游，不媒不聘。"类似记载，所在多有，反映的便是对中国远古时代曾经存在过的杂交群婚的模糊性记忆。

对于这种现代人看来实在不可思议的杂交群婚，后来的人们曾经添加了若干的历史条件和内容，以掩盖那些与后世婚俗禁规相抵触的成分，以至于某些神话和传说得以流传至今。在我国海南岛黎族中，曾经流传着这样一个故事：

很久以前，有个时期几乎灭绝了人类，世界上仅留下了母子两人。为了挽救人类，上苍让母亲在脸上刺了花纹，以致儿子无法辨认而与其结成了夫妻，最后终于繁衍了后代。

儿子与母亲成婚，在今天看来简直是大逆不道，乱了人伦。但在人类的童年时代，这确实是千真万确的现实。为了使这种曾经存在过的历史真实流传在人类的记忆中，于是人们便以母亲纹面和儿子无法辨认为借口，在添油加醋式的篡改中保存了人类的原生态婚俗的某些真实的内容。

无独有偶，在被基督教徒奉为神圣无比的经典《圣经》

中，也保留了类似的传说：

“罗得……和两个女儿住在一个山洞里。大女儿对小女儿说，我们的父亲老了，地上又无人按着世上的常规进到我们这里来，我们可以叫父亲喝酒，与他同寝，这样，我们好从他存留后裔。于是那夜她们叫父亲喝酒，大女儿就进去和她父亲同寝。她几时躺下，几时起来，父亲都不知道。第二天大女儿对小女儿说，我昨夜与父亲同寝，今夜我们再叫他喝酒，你可以进去与他同寝，这样，我们好从父亲存留后裔。于是那夜她们又叫父亲喝酒，小女儿起来与她父亲同寝。她几时躺下，几时起来，父亲都不知道。这样，罗得的两个女儿，都从他父亲怀了孕。大女儿生了个儿子，给他起名叫摩押，就是现今摩押人的始祖。小女儿也生了个儿子，给他起名叫便亚米，就是现今亚扪人的始祖。”（《圣经·旧约全书·创世纪第 19 章》）

如此古老而又似乎荒唐的神话和传说，所表达和透露的，便是人类在童年时代曾经实行过的毫无禁忌和约束的杂交群婚的历史真实。

其二曰兄妹婚，或曰辈分婚、血缘级别婚等。这是人类婚姻发展史上的第二种婚姻形态。此种婚姻排斥了父母同子女之间的性交关系，而只允许兄弟姐妹之间的婚配。这就是说，在那个时代，哥哥娶妹妹做新娘同样是合情合理的。

关于兄妹婚的神话和传说，在各民族、各地区中都曾流传过，其中也掺杂着后世人众多的想象和掩饰：

传说，远古时代的汉族先民即曾实行过兄妹婚。《竹书纪年》曾云："女娲氏与伏羲同母，……佐伏羲以重万民之别，而民始不渎。"在出土的汉代画像石、画像砖以及帛画中，常见伏羲与女娲上身为人形，下身呈蛇状，两条尾巴紧紧地缠绕在一起，显然是两性交合转化成的神话形象，同为古文献兄妹婚传说记载的再现。

因此，唐代卢仝的《与马异结交诗》即云："女娲本是伏羲妇。"而唐代李冗的《独异志》中，也记述了女娲兄妹为婚的有关传说："昔宇宙初开之时，只有女娲兄妹二人在昆仑山上，而天下未有人民。议以为夫妇，又自羞耻。兄即与其妹上昆仑山，咒曰：'天若遣我兄妹二人为夫妻而烟悉合；若不，使烟散。'于是烟即合。其妹即来就兄，乃结草为扇，以障其面。"这里为"自羞耻"而祈祷与"结草为扇，以障其面"，显然是后人凭着自己的想象附加上去的，其中所包含的历史真实，便是兄妹无需媒妁即可自相婚配的血缘辈分婚。

如此传说，不仅在汉族文化圈内存在，即使在我国少数民族乃至国外各地都曾大量地存在过。而且，这类传说都带有着各民族创世纪的色彩，有的还异常曲折和生动。

壮族有《布伯》这样一个创世纪神话：传说中的布伯是位心地善良、力大无比的英雄。有一年，天上的雷王怪罪人间不供祭，便把水池堵得严严的，不让一滴雨落到人间。结果，天下大旱，禾苗枯焦，牲畜渴死，人也无法活下去了。布伯去找雷王算账，大战雷王，曾两次擒住这个为患人间的魔鬼，但都被雷王用阴谋逃掉了。为报复人间，雷王掘开天上的雨池，整整下了七七四十九天倾盆大雨，世界被淹成了一片汪洋。布伯让儿女伏依兄妹坐在大葫芦中，自己坐个大戽斗随水漂流。雷王派锯子鱼把戽斗锯破，致使布伯遇难。但葫芦又圆又滑，锯子鱼无可奈何，因此，伏依兄妹得以活了下来。洪水过后，伏依兄妹来到竹丛边，竹子对他们说："天下再没有人了，你们俩人成亲吧，不然人类就绝种了。"伏依兄妹听后非常气愤，便把竹子砍成一节节。奇怪的是，被砍碎的竹子立刻又连接了起来，仍然不断地劝说他们兄妹成结为夫妻。竹子的话，伏依兄妹以为这是天意，从此，兄妹成亲。不久，他们生下了一个鹅卵石般的肉胎。为此，生气的伏依兄妹把肉胎剁碎扔到平原上、山谷中。过了3天，平原和山谷中处处冒烟，有了人家。打那之后，人类才不断繁衍，逐渐增多了起来。①

类似传说，不仅在我国苗族、哈尼族、黎族、白族、布依族、独龙族、瑶族、傈僳族、怒族等少数民族中都广泛流行，而且在国外一些民族中也普遍存在。例如，在美洲，秘鲁的神话故事说，印第安人的祖先，都是太阳神的子女，他们小的时候是兄弟姐妹，长大以后便互相婚配。这表明，兄妹婚配曾是全世界普遍存在过的一种婚姻形式。

但是，兄妹婚对于人类繁衍同样存在着严重的制约和危害。一旦人类认识到“男女同姓，其生不蕃”（《左传·僖公二十三年》）的道理和危害，便会形成与“同姓不婚，惧不殖也”（《国语·晋语四》）相适应的有关规定，于是便产生了人类婚姻制度史上第三类婚姻形式，即氏族外婚制。

氏族外婚制，又称“伙婚制”。这种婚姻形式完全排除了同胞兄妹之间的通婚，而是由某一血缘氏族的一群男子与另一血缘氏族的一群女子结成婚姻关系，男子共妻，女子共夫，反之亦然。

氏族外婚制，曾是母系氏族社会盛行的婚姻制度，首先表现在严格地禁止兄妹通婚上。如果谁破坏了这个禁例，就

① 谭国生等：《壮族》，民族出版社 1984 年版，第 58—60 页。

会受到社会的严厉惩罚和制裁。一些民间传说，较为深刻地反映了这种婚姻形态支配下的观念和习俗。

在苗族中，有这样的一个传说：很久以前，洪水淹没了世界上的一切，只有一对兄妹在神的保护下免于灾难而活了下来。洪水退后，哥哥向妹妹求婚，以繁衍人类，不料却被妹妹大骂一顿，说他“发母猪疯了”。大概，这正是社会舆论鄙视兄妹之间关系暧昧而被称为“乱人伦”、“猪狗不如”的来源吧。

氏族外婚制的长期实践，便产生了“同姓不婚”的习俗。这一习俗，在周初曾被严格地实践过，后世历代的法律中也都曾有明文规定。但是，由于后世宗族混淆，同姓已不足以表示同宗，因而有关“同姓不婚”的禁令，也仅是形同虚设，徒有条文而已。

而且，伴随着氏族外婚制的推行，则派生了兄弟共妻、姊妹共夫的婚姻形式。对此，有关舜的传说，则带有着这类婚姻形态的特色。据说尧传位于舜时，为考察其德行，曾将自己的两个女儿娥皇和女英一起嫁给了舜，同时让自己的9个儿子和舜生活在一起。娥皇和女英嫁给舜后，尽力侍奉公婆，极有妇道。但是，舜的父亲瞽叟和弟弟象却想谋害舜。象一心想把两位嫂嫂占为己有，先骗舜去修理谷仓，想用火把舜烧死，幸亏两位妻子的帮助才使舜幸免于难。之后，又骗舜去掏井，象往井里填土想把舜埋死，结果还是在两位妻子的帮助下舜才逃了出来。虽经两次迫害，舜仍然初衷不改地孝敬父母，爱护兄弟，表现了这位古代圣贤君主的崇高品质。（《史记·五帝本纪》）固然，这其中掺杂有汉儒的众多附会，但舜同时娶两姊妹为妻的记载，同样可能是远古时代姊妹共夫的真实反映。

人类婚姻无需要媒妁的第四种婚姻形态，当是对偶婚。对偶婚是母系社会后期的一种重要婚姻形式，是群婚制向一夫一妻制过渡时期的中介性婚姻类型。这种婚姻形态的一个突出特征，即在于一个男子可以在许多女子中选择一个女子作为他的主要妻子，一个女子也可以在许多男子中选择一个男子作为她的主要丈夫，并在此基础上建立起对偶家庭。

在美洲易洛魁人中，对偶婚是这样的：起初，丈夫和妻子婚后只能生活在各自的母亲氏族内，丈夫只有到夜间才能到妻子那里同居，这被称为“望门居”；待第一个孩子出生后，丈夫才迁到妻子家中去。18 世纪，结婚后丈夫就“过门”到妻家过从妻居生活。这种婚姻形态虽已组建了家庭，但夫妻仍分别从属于各自的氏族，与自己出生的那个氏族的成员过着公有制的经济生活，并履行着本氏族的各项社会义务。因此，这种婚姻关系仍然是异常松散和脆弱的，仅能维持到双方不愿意继续维持时为止。

云南永宁纳西族的对偶婚是这样的：对偶家庭有妻方居住和夫方居住两种，妻方居住的“阿肖同居全是女方主动邀请男方上门，其中绝大多数是女方缺乏男劳力，看中该男子手脚勤快，又能与自己的亲人和睦相处，才要求该男子入居的”，“而夫方居住的则多是由于男方缺乏女继承人”。无论是何种对偶家庭，同居皆出于双方自愿；在家庭中男女地位平等；女方在过同居生活前所生子女，是家庭中的平等一员；且大部分对偶家庭还不是一个独立的经济单位，而是依附于一方的亲族。①（图 1）

对偶婚在人类的婚姻史上具有划时代的意义。这种婚姻形态长期实行的结果，终于推动着父系制的曙光露出了地平线，导致了专偶婚，即一夫一妻制婚成为人类社会的又一种婚姻形态。因此，有着对偶婚历史的纳西族男子才唱出了那样的歌：

年轻的阿肖啊，我们办酒结婚吧。
欢乐尽管欢乐，不能忘了生娃娃。
妻子生了娃娃，我有个幸福的家。

---

① 严汝娴、宋兆麟：《永宁纳西族的母系制》，云南人民出版社 1983 年版，第 246—267 页。

图 1　打秋千、跳锅庄舞时可以结交阿注，
甚至有男女同池沐浴乘机结交阿注的。
(选自王承权等著《神秘的女儿王国》)

一代文学巨匠巴尔扎克曾经说过，“什么是人？一半是野

兽，一半是天使。”此话虽可称为千古绝唱，但说得太绝对。由群婚、兄妹婚、氏族外婚、对偶婚，再到一夫一妻制婚俗变迁史证明，作为婚俗这种关系到人类种族繁衍和社会组成的本能文化，改造和减少人类自身源于动物界的本能文化兽性，增加和强化人类自身文化天使的光环都是一个不断渐进的过程，最终的结果才使人完成了由猿到人，由远古人到今人的塑造过程。

媒妁从无到有，是婚俗变异过程中所孕育的时代宠儿！

（二）无媒妁远古婚媾的欢歌

媒妁是历史的一种产物。固然，在群婚、兄妹婚、氏族外婚、对偶婚流行的时候并不存在媒妁，但是，人类男女婚姻的缔结同样存在某些媒介。这些媒介与媒妁这种婚姻缔结中实实在在的人具有性质上的根本不同，那便是有情有义男女之间的欢歌笑语。

无媒妁婚姻，在传统时代曾被视为非法性婚姻，当事者也因此而受到歧视。但是，对于远古时代的无媒妁婚媾，近现代有的学者似乎也有一种偏见，即认为那是一种没有爱情的婚姻行为。

对此，著名人类学家摩尔根曾经说过：“夏威夷群岛上土人的婚媾，人们所具有的羞耻之心，几去动物无几，一夫有多数之妻，一妻有多数之夫，彼此任意交换”；“男人寻找妻子，并不像文明社会中那样出于爱情，他们对爱情一无所知，他们还没有发展到足以理解爱情的地步。因此，婚姻还不是以爱情，而是以方便和需要为基础的”。① 现在看来，摩尔根的这些论断未免有点武断，应该予以修正。

民族学材料所表明的历史真实是：处于原始时代的人类，不仅深深地懂得爱情，而且爱得是那样的深沉和自由。关于这一点，基诺族男女青年的恋爱特点是很令人深思的。

直至20世纪50年代，聚居在云南景洪市基诺山及其周围的基诺族仍处于原始社会末期。在此之前，基诺族社会中仍然保存着一种独特的成年礼。每年举行成年礼时，长老们不但要带领受礼者歌唱史诗，而且要教育他们如何恋爱，如何忠于爱情，要讲明白有关爱情的道德和习惯法。这样，上下一两年间举行成年礼的青年便自然构成了一个恋爱班级。在这个以成年礼为标志的恋爱班级内，既包括不同氏族的同龄

① 摩尔根：《古代社会》，商务印书馆1972年版，第735页。

男女，又包括相同氏族的同辈分或不同辈分的同龄男女。按照基诺族习惯法，除同胞兄妹外，相同恋爱班级内的男女皆可谈情说爱，甚至可以同居。而且，同恋爱班级的同龄男女之间的爱情，一般都要经过“巴漂”、“巴宝”和“巴里”三部曲。

“巴漂”是秘密谈情幽会阶段，为爱情的开端。如果，基诺族男女之间产生了爱慕之心，便以脉脉含情的眼神互相表达心声，彼此心领神会，即意味着爱情的开始。对此，基诺族有这样的成语：“巴漂咪带约”，意为爱情是由两双含情的眼睛互相注视开始的。之后，便是男女双方互赠信物，通常是姑娘向小伙赠送槟榔，小伙向姑娘赠送竹制刀把等。嚼了姑娘赠送的槟榔，小伙会表明自己的心迹：“吃了你的槟榔，不仅使我的口红，连我的心也红了。嚼后的槟榔渣我不忍心吐在路上任人踏，把它吐在路边的小树叶上了。这红色的印记几天之后还可看到，永远也难忘了。”(图 2)

这还仅仅是处于“巴漂”初恋阶段的爱情语言哟，与现代那些深恋中青年男女的海誓山盟实在没有什么多大的区别。

“巴宝”是爱情的中级阶段，为爱情由秘密转为公开的时期。在此阶段，互相爱慕的男女可以在生产中结伴同行，可以在公房中相互偎依，谈情说爱。姑娘可以当众向小伙赠送绣有美丽图案的绑腿布、小挎包之类的东西，小伙多回赠自编的竹饭盒、槟榔盒和精雕的各种竹刀把等。最能表达姑娘心意的是请求小伙为自己用梨木胭脂染齿，而最能表达小伙心意的则是将自己亲手猎获的野兽肉送给姑娘。

当爱情进一步升华到“巴里”阶段，意即“恋人的同居”阶段时，是否同意与小伙同居，决定权完全在姑娘一方。追求同居，往往小伙主动：“我是不害羞的男子，今晚到你家，不会拒绝吧！”而有意的姑娘则会委婉地回答：“我睡处只有一条破烂被子，你怎么看得上，来子又怎么能睡得着。”一旦姑娘表示同意，小伙会在夜深人静之际悄悄来到姑娘的竹楼内。但是，按照传统习惯法，在“巴里”阶段，第二天破晓前，前去同居的小伙必须悄悄地离开女家，因而连姑娘的父母也往往不知道女儿已有心上人了。

图 2 翻竹竿，成了基诺族男女青年恋爱的媒介
(原载《民族画报》1982 年第 5 期)

当钟情的男女热恋有增无已，海誓山盟，表示愿意结为终身伴侣时，小伙会改变夜半秘密进入女家同居、凌晨悄然离去的方式，一反常态，而在黎明起身后主动帮助女家背水

扫地。这种行动的意义，即在于向姑娘的父母和世人表示，小伙要与这家的姑娘结为一对美满夫妻了。可见，原始民族并不是都不懂得爱情。

因此，爱得愈深，被拆散的痛苦亦愈烈。解放前，基诺族严格恪守同姓不婚的氏族外婚制，因而那些同氏族非同胞兄妹的同龄男女固然可以自由自在地谱写“巴漂”、“巴宝”、“巴里”爱情三部曲，但他们却不能结婚。这样，当人们唱起古老的氏族内婚爱情歌曲“巴什”时，不仅中年男女眼含热泪，即使年过花甲的领唱者唱至动人心弦处也声音哽咽，不得不停顿下来，待心情平静后再继续领唱下去。因此，那些誓欲终生相伴的龙帕寨同氏族男女，便经过一种在婚前改变自己的姓名而变成另一个氏族的名义成员的仪式，钻习惯法的空子而达到结婚的目的。至于那些被迫服从了习惯法的同氏族恋人，结婚之前可互赠告别信物以表达爱情至死不渝的心迹。按照习惯，这对钟情但不得成婚的同氏族恋人相互赠送的告别信物，不仅可珍藏至晚年，而且女子死后，男子赠送的口弦可放入女子的棺材中，男子死后，女子赠送的手帕要覆盖到死者的脸上，腰带要将男子的棺材绕三圈。这个意思是说，倾心一对虽不能在世间成婚，但死后会在另一个世界里结成美满姻缘。同时，习惯上还认为先去世者要在一条有9岔路口的地方等待9年，等待着自己的恋人来到鬼神的世界相会，然后双双奔向祖先鬼魂居住的地方。①

如此自由地建立爱情和痴情地忠于爱情，恐怕为自我标榜深知爱情为何物的当代人都感到自愧不如。然而，这却是处于原始社会末期的没有媒妁之言参与和干扰的爱情观啊。

没有媒妁参与和干扰的原始时代的爱情，似一杯古朴而幽香的醇酒，显得那样纯真而芬芳；如一溪山涧潺潺流淌的清泉，显得那样清洁而欢快。

这大概即是一种历史的通则。

一切都表明，无需媒妁的远古婚媾的缔结、恋爱关系的建立是自由的、自主的。而且，似乎社会形态愈加落后的民族，其男女青年的爱情萌发也愈加自由和纯真，婚姻关系的缔结的决定权完全在于男女双方，且大都掌握在女子手中，根本没有也无需媒妁的参与和干涉。

因此，在一些后进的民族中，保留着那样众多的似乎令所谓的先进民族的人们都不可理解的“放荡”节日和专为青

①杜玉亭：《基诺族的恋爱特点与原始社会的爱情问题》，《内蒙古社会科学》，1981年第4期。

年男女谈情说爱而设置的场所。

在黔东一带苗族地区，村寨附近有一块专供青年男女自由社交的坡地，被称为“方坡”或“马郎坡”。每到农闲季节，青年小伙子就成群结队地到另一村寨去“摇马郎”、“游方坡”，与姑娘们对歌，互选意中人。广西大苗山一带苗家的“坐妹”，也是男女青年相聚一堂利用山歌互相倾吐爱情的一种形式。天热时，坐妹的场所是在桥畔、凉亭或村寨附近的山坡上的棚子里；天冷时，便集中到有宽敞屋子的家庭中，特别是还未出嫁的姑娘家中。四川、云南一带的苗乡，男女青年则用“跳月”的时机寻找佳偶。湘西武陵苗家，男女青年谈情说爱的地方称为“边边场”。在苗年期间，广西大苗山一带的“走同年”，是男女青年趁机谈情说爱好形式。而各地苗族的“赶坡”，更是男女青年社交的盛大集会。①

如此男女青年的自由社交活动，在壮族、彝族、纳西族、布依族、独龙族、侗族、瑶族、哈尼族、傈僳族、佤族、拉祜

① 参见杨鹓：《“摇马郎”和“游方”》，《辞书研究》，1984 年第 5 期；铭华：《苗家与歌分不开》，《旅行家》，1982 年第 3 期；吴承柏：《苗家婚俗见闻录》，《民族文化》，1983 年第 2 期；代熊芈：《苗族婚俗拾零》，《楚风》，1982 年第 1 期等。

族、景颇族、布朗族、阿昌族等都有大量存在。

即使有着一整套严格的封建婚姻制度的汉族，也存在着一些无媒妁远古婚媾的遗迹。作为原始群婚制最显著遗迹的节日期间杂乱的性交关系，在汉族历史上曾经存在过。周代，“仲春之月，令会男女。于是时也，奔者不禁，若无故而用令者罚之。司男女之无夫家者会之。”（《周礼·地官·媒氏》）春秋时代的齐国，节日之际男女杂处在一起，“日暮酒阑，合尊促坐，男女同席，履舄交错，杯盘狼藉，堂上烛灭……罗襦襟解，微闻香泽”。(《史记·滑稽列传》）可见，此时男女尚可过一点浪漫生活。类似节日期间的风流韵事，直至解放前在汉族某些地区仍然存在。陕西省临潼区行者乡的娘娘庙，每年三月三为“单子会”。这天，附近地区的汉族不育妇女可以去赴会。赴会妇女身上揣着个布娃娃，可以在外留宿一夜，甚至野合也不会受到社会舆论的非难。有的媳妇羞于这种事情而不愿前去赴会，做婆婆的还会主动催促儿媳到外面去“风流”一天。这种风俗显然是远古无媒妁婚媾古老群婚制的罕见遗留。①

---

① 吴存浩：《中国婚俗》，山东人民出版社 1986 年版，第 472 页。

由于无媒妁远古婚姻是自主的，因而男女青年的爱情之歌是那样的欢快和甜蜜。在我国，男女青年以歌互答，对歌谈情说爱的少数民族所在多有。壮族、苗族、布依族、白族、哈尼族、傣族、黎族、傈僳族、拉祜族、景颇族、仫佬族、布朗族、阿昌族等，皆有物色对象，对唱山歌，情人幽会，凭歌表意的习俗。(图 3)

图 3　歌圩上的壮族姑娘与溪畔对歌的壮族男女青年（选自《壮族简史》）

例如仫佬族。仫佬族是一个开口就唱的民族，无论男女老少，都爱唱山歌。如果一个青年人不会唱山歌，不但被人瞧不起，而且找个对象也困难。按传统习惯，男女青年无论何时在郊外相逢，不管相识与否，都可以互相邀请对歌，拒绝对方的邀请，被认为是不礼貌、没教养的一种行为。青年人选择恋爱对象的最好时机，是在“走坡”时的对歌。走坡时，小伙应先唱“邀唱歌”：

见妹行路脚悠悠，
我把山歌拦路头。
千军万马让它过，
只拦阿妹停坡沟。

搭上歌后，姑娘与小伙便你一曲我一歌，你问我答，一唱一和地对下去。如果对小伙有意，姑娘会唱：

报哥真，
双手厚茧妹欢心。①
连哥到半丢开去，
情妹不是那号人

如此对歌，清新活泼，自然是钟情男女内心世界的真实流露，是古代无媒妁自由婚配的遗留和升华。

无需媒妁的远古婚媾，充满了欢歌笑语。但是，为什么

① 罗日泽：《仫佬人“走坡”》，《广西日报》1981年3月14日。

能有如此古朴而清新的婚姻习俗曾经存在于人类历史的长河之中？在神话传说中仅存在着一些依稀可辨的痕迹。

云南永宁纳西族，直至民主改革前，仍处于“知其母而不知其父”的社会发展阶段，被学者们称为“女儿国”和“母系社会的活化石”。永宁纳西族曾盛行以阿肖婚为主的婚姻形式。“阿肖”是该族过走访婚生活男女双方私下的昵称，意为“共宿的朋友”。阿肖关系的建立，虽有着多种条件，但最根本的一条是以男女双方互相倾慕为基础的。只要双方愿意，男子夜间即可到女子单独房间中过夜，次日天明辞归，依然回到自己家中生活劳动。如果女子不同意继续维持阿肖关系，男子只得“收拾行李，准备滚蛋”。因此，连个阿肖都找不上的男子，被人们认为是最没有本事的人。①

至于为什么实行这种以女方居住为特点的阿肖走访婚？当地纳西族把干木山（狮子山）作为走访婚的先导、依据和表率。干木山位于永宁泸沽湖畔，是纳西族心目中的女神山。传说，干木山原来在花马国（今丽江），是珊碧旺龙大山的第三个姑娘。而她的两个姐姐都拘谨孝顺，本分守规，唯独三

① 严汝娴、宋兆麟：《永宁纳西族的母系制》，云南出版社 1983 年版。

姑娘干木山天姿仙容，洒脱不羁，不要父母择配，只求自由自在。永宁有座雄伟的甲牧山（瓦哈山，男神山）慕名前来求婚，并说永宁泸沽湖畔不要父母许配，只要男女情投意合即可偶居成婚。这话很投干木山姑娘的心意，于是相约来到了泸沽湖畔。但是，浪漫的干木山姑娘不但与甲牧山谈情说爱，而且与甲罗山卿卿我我。于是，甲牧山赶走了甲罗山，又在干木山身上抓了几把，致使现今的干木山有了千条万条的伤疤。不过，受伤的干木山姑娘并不以此为戒，仍然我行我素，不仅与甲牧山仍保持着亲密的关系，而且与折子山、左所山等结成临时阿肖。最后，干木山成为永宁纳西族的最高保护神。因此，阿肖婚得以长期流行，用纳西族的话说便是“神山如此，人也如此了”。①

神话传说未必真实，但其中所透露的远古无媒妁婚媾中的双方情愿，尤其是以女子为主体的婚俗特征则是真实的。

这种特征，是以母系制时代在生育观基础上所形成的整套社会伦理作为指导的。在漫长的母系制时代及其以前的社会中，由于生产力的低下，人类仅能依靠自己的群体才能生

① 杨世光：《摩梭婚礼》，《龙门阵》，1981 年第 1 期。

存下去，从而导致了人们对于种族繁衍的知识几乎是一片空白，男女两性的结合从来没有被与人类的再生产联系起来，只是被看作“好玩好耍”①，因而性爱自由，两性分合随便，被当作母系时代男女关系的通则而得到了充分体现。在这种男女关系的指导下，不仅男女之间的爱情不受任何外力的支配和压抑，完全沉浸在自由和自主的氛围之中，好说好算，一派自愿，而且女性的意志得到了完全的尊重。在那个时代，女子是人类的母亲，种族的繁衍是“神”的作用，是不需要男子的合作的，便构成了当时全部的生育观。这种生育观所带给人类的潜意识便是：母亲生育了儿女，又含辛茹苦地将他们养大成人，而作为子女父亲的男子不仅无法确认，而且也根本不知道人类还有父亲这个概念，因而也不可能承担任何抚养子女的义务。如此血缘关系和经济关系的双重作用，不仅奠定了女性享有崇高的社会地位的基础，而且也使男子集团没有任何的威风可言。这便是整个母系制时代指导和驾驭社会运转的整个社会哲学伦理体系的核心。

从此出发，不仅女性被用金色光环装饰了起来，而且整

---

① 严汝娴等：《罕见的审新娘风俗》，《社会科学阵线》，1981年第3期。

个的无媒妁远古婚媾也被打扮得那样古朴、轻松、活泼、自由、自在，充满了笑语欢歌。如此婚媾，所凭借的媒介正如壮族一首情歌所唱：

火烧芭蕉一堆堆，我俩连情不用媒。

不用猪羊不用酒，一句山歌带妹回。①

（三）媒妁问世的助产婆

无需媒妁的远古婚媾尽管凭借的是充满了古朴而纯真的欢歌，但是，这种婚姻媒介毕竟不能与人类历史相始终。伴随着对偶婚的不断发展和社会生产力的不断提高，自由自在且又古朴纯真的远古婚媾的欢歌终于被打乱了。在“女性的具有世界历史意义的失败”② 时代，母系制被推翻了，人类社会相应进入了父系制社会，随之而来的婚姻形态也被专偶婚，即一夫一妻制婚所代替了。

专偶婚的产生和兴起，在历史上第一次把婚姻与私有制家庭联系了起来。在这种婚姻形态下，婚姻的意义和作用顿然扩大，婚姻的目的不仅为了种族的繁衍，而且具有了维系

① 吴存浩：《中国婚俗》，山东人民出版社，1986 年版，第 78 页。
② 《马克思恩格斯选集》，人民出版社，1972 年版，第 52 页。

父系家族宗法制和经济利益的作用。从此，通过婚姻而建立家庭的男子，不仅控制和占有了越来越多的财富和属于自己的妻子及子女，而且形成了一整套围绕父权制而建立起来的社会哲学伦理体系。

父权制社会哲学伦理体系建立的基础，是对偶婚长期实行下人们对于生育知识的洞察和了解。氏族社会之所以被称为氏族社会，其根本原因即在于血缘关系的决定性作用。在母系制时代，人们不懂得生育常识，不知道人这个世界万物之灵的长者是怎样发育形成的，也不知道人类是从哪里来的。在漫长的母系制时代及其以前的社会里，人们只能从直接的观察中了解到孩子是妇女生出来的。但是，伴随着对偶婚的长期实行，男女媾和与生育之间的因果关系被人类洞察明白了。人类认识到婚姻的生育繁衍功能的同时，也导致了父权制社会哲学及伦理学的萌芽和形成。

男女结合，生育儿女，这个今天看来似乎普通得再也不能普通的浅显道理，对于远古人类来说，却是一个里程碑式的高深学问。围绕着“子女由母亲所生”和“子女来源于父亲与母亲的媾和”这两种不同的生育观，原始时代的中国人构筑了两种不同而博大宏伟的哲学伦理体系。在母权制时代，最高深的生育哲学为“天地之大德曰生”（《易·系辞》）。从此出发，所有哲学伦理都围绕着母亲而延伸，美丽的花环将女性打扮了个够。但是，当男子跻身于生育领域，起码取得了一半生育权之后，本来即在生产领域中发挥着重要作用的男子则不安分守己了。于是，从母权制时代即已形成的最高生育哲学出发，加以修正和改造，将男女、子女、阴阳、天地、万物等概念都纳入了父权制伦理体系之中。从男女交合而生育后代，比附类推到天地交合而生万物，从人的生殖行为来源于阴物和阳物的合得，再比附类推到万事万物的发生机制同样为天地阴阳交合的结晶，得出了阴阳之道为宇宙产生的普遍规律之后，又反过头来用阴阳关系去论证男女的关系，最终便得出了“父为阳，子为阴；夫为阳，妻为阴”（《春秋繁露·基义》）的结论。固然，类似结论出自汉儒之口，但可以肯定地说，自从男性对于女性作为最早的阶级压迫在大汶口文化中晚期墓葬中有所反映那时起，如此“天地氤氲，万物化醇；男女构精，万物化生”（《易·系辞下》），“天下亲阳而疏阴”，“阳倡阴和，男行女随”（《白虎通·嫁娶》）之类的观念即已形成了。这种观念和理论，不仅足以置母权制于死地并确保父权制的崛起，而且也成为一夫一妻制及媒妁产生的助产婆并确保其问世。

有趣的是关于女娲抟土造人的神话传说。据传说，天地开辟之后，虽然已有了山川草木和鸟兽虫鱼，可是没有人类。天神女娲认为应该造出人来才能使世界充满生机，于是她就用地上的黄土掺水做成了泥人并给予它生命，世间从此有了人这种生灵。但是，世界毕竟太大了，尽管女娲不停地劳作，以至于累得精疲力竭，也无法使世界马上遍布人烟。后来，女娲拿来一条绳子捽于泥潭之中，然后向地面上一挥，绳子带上来的泥点溅落在地面上居然也变成了有生命的人。这样，各地才慢慢有了人烟。但是，人类如何才能继续生存下去呢？总不能老死一批，再造一批，无休止地抟土造下去。于是，女娲即把男人和女人配合起来，叫男人和女人自己去繁衍后代，延续种族。这样，人类才终于一代一代地绵延到今天，女娲也成为人类的始祖而受到祭祀。

这个神话传说，不仅极富想象力，而且探索了人类起源和婚配与生育有着不可缺少的因果关系等这样两个带根本性的问题。很显然，神话传说的形成经过了一个漫长的不断被修改和加工的过程。可以说，女娲抟土造人的传说，当形成于母系制时代，是人类对于类似大地能生成万物，孩子也是从母亲身上生出这些最明显的直观现象观察的结晶。而女娲让男人和女人配合起来繁衍后代，则是性交和生育的因果关系被人类窥探到之后再添加上去的内容。如此抟土造人和男女配合繁衍后代两个故事情节的连接，所反映的正是人类自母系制时代到父系制时代转变过程中，生育观亦相应发生变化的历史真实。大概正是因为如此，女娲才被尊为“高禖”，成为人类最早的“媒”。尽管这种“高禖”与后世为嫁娶双方牵线搭桥的媒妁有着性质上的不同，但高禖无疑为后世媒妁的问世奠定了基础，提供了不可缺少的营养。

更为有趣的是，围绕着父权制社会哲学伦理体系的建立，人类的性崇拜也由女阴崇拜而转变为男祖崇拜。在母系制时代，女阴被认为是人类繁衍的象征，因而被作为神灵而供奉着。《太平御览》卷 53 所载“乞子石”、泰山树杈中压石片以求子的风俗，实际上皆为女阴崇拜。云南永宁纳西族以干木山为女神，并以山体特征为女性器官形象。湖南苗族供祖先时，以树枝搭一山洞，内置的偶像也有明显的女阴特征。红山文化中发现有不少石雕或陶塑女像，一般都乳房突出，大腹便便，有的还带有明显的女阴特征。而云南剑川白族则把石宝山上的一块怪石也看作女性生殖器官，不育妇女往往携带香品前去祭祀。① 如此女阴崇拜，既是对母权制时代神圣观念的一种体现，也是对《老子》第 6 章所说“谷神不死，是谓玄牝。玄牝之门，是谓天地根”的一种诠释。

---

① 汪宁生：《云南考古》，云南人民出版社，1980 年版，第 18 页。

但随着性交与生育因果关系被洞悉，出现了男女媾和崇拜。山东武梁祠画像石上有一幅伏羲女娲像，为人首蛇身，两蛇交尾，中间还有一个婴儿。①（图4）类似考古也见诸其他地区。在内蒙古乌拉特中旗海勒斯太和音德尔图岩画上，有男女交媾的形象。② 云南江川李家山古墓群中及晋宁石寨山古墓群中，各发现有一件铜器，上有男女交媾形象。③ 四川成都附近有些汉墓的墓砖上，全部是男女交媾的形象，画面所反映的是春暖花开季节，采桑的女子与男子在桑林中野合。如此

图4　伏羲女娲交尾图（山东嘉祥县武梁祠画像石）

---

① 容庚：《武梁祠画像考释》。

② 盖山林：《阴山岩画》，内蒙古人民出版社，1987年版，第114页。

③ 张增祺，王大道：《云南江川李家山古墓群发掘报告》，《考古学报》1975年第2期；云南省博物馆编：《云南晋宁石寨山古墓群发掘报告》，文物出版社，1959年版。

对男女媾和的宣扬，看起来实在可笑，但人类确有过那样的历史经历。类似这些“往往在相对的男女图形下面还要画上一个小孩图形——表示性交的理想结果”① 的男女媾和图，宣泄的绝不仅仅是人类发现性交与生育因果关系时兴奋和喜悦的心情而应是父系制赖以战胜与替代母系制一面理论性旗帜。

随着父权制的确立，自新石器时代中、晚期开始，男根崇拜即成为一种极为普遍的现象。男根多以陶、石、木制成，故称陶祖、石祖、木祖等。在考古中，我国所发现过男祖的遗址有：陕西省铜川李家沟遗址、华县泉护遗址、西安客省庄遗址，河南省信阳三里店遗址，山东省潍坊罗家口遗址，甘肃省临夏张家嘴遗址，湖北省京山屈家岭遗址，广西壮族自治区独料遗址、坛楼遗址、石产遗址，湖南省安乡度家岗遗址，新疆罗布淖尔汉代遗址，以及郑州二里岗商代文化遗址等。

在民族学资料中，亦有不少男祖崇拜。如云南西双版纳曼贺山供一石祖，传说傣族女祖先与狗图腾交合才生育了后代，后代则由石祖取代了狗在生育中的地位。在四川木里县

---

① 卡加洛夫：《关于原始艺术中颠倒对称的双生灵魂》，《人类学和民族学博物馆文集》，列宁格勒 1930 年版，第 214 页。

大坝乡鸡儿洞内供一石祖，不孕妇女进洞供香求子，要扯起衣裙在石祖上坐一下。云南丽江九河岸有一天然石柱被奉为石祖，白族妇女求育时，除烧香祷告外，也要在石柱上坐一下，认为这样才能怀孕。在云南木里县阿布流沟山岩洞中有一石祖，被当地摩梭人称为“久木鲁”，意为生孩子的石头，与他们称男根为“巴窝”具有同样的含义。为求取生育，妇女要向“久木鲁”烧香叩头，要到洞内池中洗澡，还要喝几口“久木鲁”顶端凹坑内的积水“合吉”，且当晚夫妻必须同床，认为只有这样才能播下生命的种子。（图 5）此类资料，所在多有，不胜枚举。

如此大量男祖崇拜的存在，表面上看来似乎令人可笑，但却证明“男性生殖器现象已不能使人平等”。① 重男轻女，男尊女卑的父权制社会哲学伦理体系已经确立了。

父权制社会哲学伦理体系，取代母权制社会哲学伦理体系的结果，似一阵时代的狂风，席卷了一切，如一块重石投入了平静的池水中，激起了层层涟漪。这是时代性强大地震，是时代性观念的更新，是远古时期人类思想意识的革命。从此，

① 拉法格：《宗教与资本》，三联书店，1963 年版，第 93 页。

图5　纳西族“石祖”崇拜

（选自严汝娴、宋兆麟：《永宁纳西族的母系制》）

世界不安宁了。人类的一切都将得到重建，社会秩序也将重新构筑。而社会秩序重建和构筑的核心，便是女性的失败和男性的胜利，因此婚姻形态的变革必然首当其冲。

于是，一夫一妻制战胜了包括杂交群婚、兄妹婚、氏族外婚、对偶婚在内的一切婚姻制度，而最终成为迄今为止的一种主要婚姻形式，并同时把媒妁这种东西带进了历史的长河中。

（四）媒妁的产生

现在看来，一夫一妻制的实行，已成为人们恪守的信条，似乎被视为理所当然，平平静静，并没有引起社会秩序的丝毫混乱和不安。

但是，在由母权制向父权制过渡的时代里，在一夫一妻制替代对偶婚制的岁月中，一夫一妻制的推行却不啻于发生连续不断的超级大地震，社会被置于极度的动荡之中。

因为，那是强迫女子离开自己生长的氏族，离开自己的母亲和亲人，去过受人支配的生活，去充当为男性家族繁衍后代的工具。为此，连圣人孔老二都有恻隐之心了："嫁女之家，三夜不熄烛，思相离也。"

这自然是一种压迫，是一种奴役，是一种灾难。为此，弱女子们抗争过，但最终还是屈服了。于是，只得以泪洗面，留下了至今仍在各地婚俗中都大量存在的哭嫁习俗。

对于这种哭嫁习俗，民间有的人解释其原因说："哭着打发，不哭家不发。"这显然是后世人的牵强附会，随意杜撰。

对此，婚前有着较为自由恋爱氛围的土家族的哭嫁歌倒有较为切实的反映。固然，土家族男女青年的婚前恋爱带有着原始的自由气息，但最终婚姻关系的确定仍依赖着“父母之命，媒妁之言”。因而，土家族的哭嫁歌更能反映远古时代女子刚实行出嫁时的真实面貌。

土家族的哭嫁习俗可谓具有典型性。土家族女子出嫁前的哭嫁时间，一般为 7 至 12 天，有的甚至长达一个月。哭嫁歌所涉及的内容，大都为辞祖宗、女哭娘、娘哭女、妹哭姐、姐哭妹、哭爹、哭哥、哭嫂、哭百客、哭梳头、哭穿露水衣、哭吃爷娘饭、骂媒人等等，内容庞杂，不愧为我国各民族哭嫁歌中的佼佼者。其中一首哭嫁歌唱道：

是你贵气的儿子，
堂屋中间栽石榴，
石榴花开满堂红。
是你下贱的冤家女，
像山中生的映山红，
映山红花开唠唠空。①

如此哭嫁歌，显然是对父权制社会建立以来所存在的重男轻

① 吴存浩：《中国婚俗》，山东人民出版社，1986 年版，第 146 页。

女和女子出嫁现象的控诉。

相反，在一夫一妻制推行和逐步确立的时代，作为胜利者的男子却以主宰者的姿态出现在婚媾的行为中。于是，人类婚姻史上便产生了几种畸形的专偶婚：

其一，抢劫婚。抢劫婚是男子运用暴力，赤裸裸地强迫女子归属于自己的婚姻缔结形式，当是对偶婚向一夫一妻制过渡时期曾经存在过的一种历史现象。

凭借武力来夺取女子为妻的暴力式抢劫婚，无论在中国，还是在其他国家，都是曾经广泛地存在过的历史现象。在《周易》中有3条爻辞，大约是上古民歌，较真实地描述了抢劫婚的某些情节："贲如，皤如，白马翰如。匪寇，婚媾"；"屯如，邅如，乘马斑如。匪寇，婚媾"；"乘马斑如，泣血涟如"。男子骑着马威风凛凛地去抢婚，实在是霸道至极。

至于在战争中掠夺他人妻女而为自己所有的现象，在文献资料中更为多见。自"夏桀伐有施，有施人以妹喜女焉"（《国语·晋语》），再到唐明宗为骑将时，"掠平山，得王氏妇母子以归"，以及梁山好汉抢劫扈三娘，宋江安排嫁给王英（《水浒传》第50回），直至解放前土匪夜间冲破侗族村寨，

“见了年轻点的姑娘就抢，装进麻袋，用麻绳扎住，扛起来就跑”①，抢婚在中国历史上从未间断过。但是，如此凭战争抢劫女子为婚的现象，在传统社会中已被认为是违法的勾当，虽不能作为抢劫婚风俗的例证，但可以作为对偶婚向一夫一妻制婚姻过渡时期抢劫婚残暴性的说明。

抢劫婚真正可以作为一种风俗而得以流传的例证，应该是那些以抢劫作为婚姻缔结的形式，最终结成秦晋之好的婚姻缔结现象。打开《蒙古秘史》，可以清楚地看到成吉思汗的父亲也速该抢劫诃额仑为妻的记载。在铁木真做皇帝时，蒙古权贵们曾说：“立你做皇帝。你若做了皇帝啊，多放行俺做前哨，但掳得美女、妇人并好马，都将来与你。”（叶氏刻本：《元朝秘史》卷3）直至现在，有些地区的蒙古族仍采取流传下来的抢婚风俗，但只是仅存“抢”的形式而已。届时，新郎带领着庞大的抢亲队伍冲到女家，把新娘抢上马背即奔驰而去，女方则召集众人乘马追赶，双方进行一场抢婚与反抢婚的佯战，之后，男女双方举杯相庆，祝贺一对新人美满结合。对此，有人曾写打油诗曰：

---

①《侗族风情录·抢亲之夜》。

新郎一马着鞭先，
舅父昂然奋老拳。①
劫得美人归去后，
笙歌华灼盛开筵。

图 6　泸沽湖纳西族的抢婚仪式：天微明时分，伴郎爬上女方院墙，大声喊叫："× ×，你已经是× ×家的人了，快点动身吧，他们在村外迎接你呢。"女方则请几个伴娘，躲在院落里，听到喊声则抓那小伙。

如此风俗，在我国土族、傣族、景颇族、侗族、怒族、苗族、纳西族（图 6）、哈尼族、傈僳族、瑶族等众多民族中保留着较多的痕迹。但究其原因，则有着众多的不同了。例如，

①《中华全国风俗》。

傣族实行抢劫婚的原因之一，即在于“父母虽不刁难阻碍子女的婚姻，但有时因为聘礼需索过高，男方一时无力筹措，也常好事发生波折。遇到这样情形时，也另有办法可使男女达到结合的愿望，一是以抢劫的办法完成结婚的手续，另一种是以逃婚的办法避免女家的刁难”。① 很显然，此类抢劫婚应是后起的形式了。

其二，买卖婚。买卖婚是私有制发展的产物。此种婚姻缔结方式，是把女子完全视为一种商品，由男方以相当数量的财物为代价换取女子为妻的，其产生时期大致与抢劫婚相同。

由于买卖婚带有着人与钱财的交换内容，因而曾被认为是较公平的一种婚姻缔结形式而对后世的婚姻习俗产生了较大的影响。在我国古代，以“妃”字称呼男子的配偶，而“妃”字的本义即为帛匹。在《周礼》所制定的婚礼仪式“六礼”中，有纳采、纳徵（纳币）两项和女子的身价有关。而且，《礼记·曲礼》明确规定：“非受币不交不亲”。如此带有法律色彩的明确规定，使我国封建社会中的买卖婚姻极为盛

---

① 江应梁：《傣族史》，四川民族出版社，1983年版，第593页。

行。西汉文帝时，“才人女子竖何能……是好为方，多伎能，为所是案法新。往年市之民所四百七十万，曹偶四人”。（《史记・仓公列传》）可见当时一个有姿色和某些技能的女子卖价为117.5万文。而比此稍后的《居延汉简》所载，当时一成年壮男子仅值1.5万文，约为出众女子的1/80。如此状况，导致了整个封建社会中父母卖女、夫卖妻、公婆卖儿媳等多种买卖婚姻现象的广泛存在，甚至拐骗贩卖妇女现象的不断发生。

其三，服役婚。服役婚是男子以婚前或婚后到女方家中劳动多长时间为代价，以替代娶妻的钱财和补偿女方家庭因女儿出嫁而造成的劳动力损失。服役婚在我国众多民族中皆有遗留，大多采取婚后从妻居的形式。从妻居的时间长短不一，一般为3年。因此，有的婚姻习俗显得较为特别。例如，西双版纳山区的布朗族，婚前男女青年恋爱自由，婚姻也较自主，但结婚仪式的举行要进行两次。按照布朗族的习俗，第一次婚礼在女家举行，小伙上门结婚后，男子在夜间去妻家住宿，农忙时必须帮妻家劳动，这样要度过3年的时间。3年内所生子女属女方家庭成员，由女家抚养。3年之后，再择吉日在男家举行第二次婚礼。从此之后，妻子才成为男家的正式成员，开始了与丈夫同居的岁月。①

其四，交换婚。交换婚系结婚的双方或双方以上家庭各以其女交换于另一方作为儿媳，又称“交门亲”、“换亲”等。此种婚姻形式的兴起时间当极早，应是氏族外婚制、对偶婚的一种自然发展和演变。西周时代，姬姓与姜姓世代为婚姻，则是一种交换婚的特殊形式。降至刘宋，孝武帝之姑嫁于王偃，有子王藻，女王宪源。孝武帝娶其姑之女为后，王藻又与孝武帝之妹临川公主婚配。很显然，这种姑表婚实质也是一种交换婚形式。及至现代，农村中仍有因特殊原因而实行的甲娶乙姊或妹为妻，乙娶甲姊或妹为妻的现象依然存在。至于姑表婚、姨表婚等则更为广泛了。

此外，还有入赘婚、童养媳婚等多种。

在上述几种婚姻形式中，除抢劫婚之外，其他几种婚姻的缔结都表现为有条件的，表面上看来似乎是较为公允的，唯独有抢劫婚则是无条件的、凭借暴力强迫女子为妻的婚媾形式。人类是厌恶暴力和抢劫的，而婚姻的本身又具有温情脉脉的色彩，因此，抢劫婚不得不被改造而发生众多变异。

① 杨胜能：《布朗山上的婚礼》，《山茶》，1981 年第 2 期。

加之，在过去通婚范围狭窄的情况下，抢劫婚的发生必然是今天你抢我的女儿为媳，明天我抢你的女儿为媳的结局；如此你抢我劫的最终发展趋势，也必定是化干戈为玉帛，使通婚的双方尽力寻找一个温和的婚媾方式。因此，“谋合二姓者也”的“媒”和“斟酌二姓者也”的“妁”则便应运而生了。

即使是表现为有条件的、表面看来似乎较为公允的买卖婚、服役婚等，其条件的最终确立也必须有人从中斡旋。因此，“谋合”和“斟酌”“二姓”的媒妁也同样显得极为重要了。

何况，在无需媒妁的远古婚媾时代，男女青年在自由恋爱的过程中，即运用了一些相互传达信息的媒介和手段，有的甚至已形成了一定的规律。历数这些媒介和手段，主要有以下几种：

一是情歌为媒。以情歌为媒介互相传递恋爱信息，是我国各族青年，尤其是少数民族青年的一种重要形式。例如湘西武陵苗家男女青年在“边边场”上的情歌对答，有“相认歌”、“问讯歌”、“结交歌”等。其中“相认歌”唱道：

小伙：山路好走铺岩砂，
前头去了一枝花。

骑匹骏马追不上，
唱支苗歌拦拄他。
姑娘：苗山木叶细微微，
口问阿哥可会吹？
你若吹得木叶哨，
只动木叶不用媒。①

二是花草为媒。鲜花象征着美丽，表述着爱情，自古至今，盛行不衰。我国西南少数民族男女青年婚前的自由恋爱，多以鲜花表达自己的倾慕之心。西双版纳和澜沧江等地，一年到头，山青竹翠，繁花似锦。青山多情花有意，一草一木都成为男女青年交流爱情的媒介。哈尼族男女传递爱慕之情的即是花朵。如果一位小伙在“公房”相处时看中了一位姑娘，他即会采来一束山茶花或月季花，托最知心的朋友送给这位姑娘。如果姑娘对小伙也有意，即回赠一束相同的鲜花。如果姑娘已有心上人，即回赠一束系有两长一短3根棉线的鲜花，意思是说，我已有意中人了，你这位小伙是那根多余的短棉线。②

① 吴荣臻：《边边场》，《南风》，1983年第3期。
② 宋恩常：《哈尼族的婚姻》，《民族文化》，1982年第2期。

生活在景颇山区的景颇族，男女青年传递爱情的情书是用树叶组成的。青年人都清楚，白花树叶代表“想念”的意思，黄豆树叶表示“好好地”，小黑豆树叶表达“一心”，竹叶则代表着“悄悄地”，蕨叶、酸母叶表示“一定要来”的意思。如此等等，不一而足。如果依白花树叶在上，按顺序依次排下去，上述树叶表达的意思便是：“我一心想着的人只有你，我们应该好好谈谈，最好是悄悄地来，一定要来啊。”①

三是以物为媒。以物为媒介来表示和传递互相爱慕之心，自古以来即是男女青年经常采用的一种方式。例如，布依族选择可意对象所运用的丢糠包。丢糠包时，男女青年要隔开一段距离各站成一排，互相投掷，看谁甩得快，丢得准，接得牢。按规矩，如接包时落地，要送对方一件礼物。如果姑娘对小伙有意，便将糠包丢向自己心爱的小伙，但又使他接不着，以便让心上人把爱情信物送给自己。糠包像爱情的使者一样，古往今来，不知使多少布依族钟情男女喜结良缘。②

四是以要好朋友为媒。人，是一种以集团求取生存和发展的生灵。因此，以要好的朋友为媒介来传递男女之间的相

① 易学钟：《三封树叶信》，《民族文化》，1980年第1期。

② 陆应旻搜集整理《布依族习俗》，《南风》，1983年第2期。

互倾慕之情，肯定是自无需媒妁的远古婚媾时代即已存在的现象。永宁纳西族的阿肖婚，虽然互相爱慕的男女结为阿肖关系较随便，只要两下把话挑明就是了。但是，也有出于怕对方回绝或碍于初次找阿肖的害羞心理，而找自己的朋友或求对方相熟的人去“帮忙引见”的①。(图7) 我国众多少数民族男女青年恋爱中的“跳月”、“赶圩”、“行歌坐月”、“串寨”等，皆是青年们的集体性活动。之所以如此，恐怕朋友间的互相帮助、传递信息，以起到引线搭桥的作用，则是一个重要原因。

上述以花木、情歌、信物和朋友为媒介传递恋爱信息的现象，固然是现代民族中的材料，但是，可以肯定地说，在远古无媒妁婚媾时代，这种现象即早已存在了。类似现象，尤其是以朋友为媒介传递恋爱信息的途径，无疑为传统时代媒妁的出现和产生提供了肥沃的土壤和必不可少的培养基，铺平了媒妁问世的坦途。

---

① 严汝娴、宋兆麟：《永宁纳西族的母系制》，云南人民出版社，1983年版，第87页。

图 7 (1)　纳西族一对交谈中的阿肖

图 7 (2)　永宁纳西族男子集体喊“阿嘿嘿”！与女子结交阿肖。

（上两图选自宋兆麟、严汝娴：《永宁纳西族的母系制》）

二　媒妁风俗的演变

在神话和传说中，媒妁风俗的产生似乎异常简单，而其兴起之后的发展也似乎没有多大变异。

在我国文献记载中，有关媒妁风俗发展变化的痕迹也几乎是一片空白，似乎用“父母之命，媒妁之言”一言以蔽之即可。

媒妁风俗作为一种文化现象，难道果真如此简单吗？

（一）从神禖到人媒的蜕变

神话与传说，虽荒诞不经，却包含着人类远古时代的朦胧记忆。从神话传说中，或许可以发现早期媒妁的影子。

具有创世纪色彩的黎族传说《葫芦瓜》中没有提到媒人，但提到了“雷公”：传说很久以前，地上长着个葫芦瓜，大得很，只有五指山才能托得住。穿山甲在葫芦瓜上啃了个缺口，神把兄妹俩放了进去，天便下开了大雨，人世间变成了一片汪洋。水退之后，兄妹从葫芦瓜中走出来，发现世上仅剩下他们两个人了，孤独寂寞得很。按照雷公指示，兄妹结了婚，生了个白白胖胖的男孩。雷公把孩子剁碎了，然后用筛子筛，筛出了四男四女，相配成婚，才繁衍了汉族和黎族的不同支系。①

类似有关葫芦与洪水的神话与传说，在我国众多民族中都有存在，而且兄妹婚配或按照诸如黎族“雷公”神的指示，或遵从其他物体的启示，且婚配的目的都在于造人。对此，闻一多先生早就指出：“造人是整个故事的核心。”② 这表明，此类神话与传说中的“雷公”应是主持人类生育之神的“媒”。

在我国民间，还流传着有关猴娃娘的多种传说，情节也大体相同，都描述了一位少女被一个猴精劫持而养儿育女的曲折故事。其中一则是这样讲述其起因的：“有个姑娘在小溪边淘米，突然飞来一只黄蜂为她做媒，第二天，就有一顶漂亮的花轿来迎接她。”而另一则也说：“母女二人相依为命，母亲常常向神祈祷，愿山神保佑她的女儿能早日嫁个好丈夫。

---

①《黎族民间故事·葫芦瓜》。

② 闻一多：《闻一多全集》，三联书店，1948年版，第1册第6页。

有一天，一只喜鹊口衔一个红纸条来做媒，母亲便把女儿嫁给了猴精。”① 这里的做媒者则是喜鹊、黄蜂等有着意志和灵魂的神奇动物。

此外，还有个关于媒人起源的民间传说：在遥远的古代，有两个距离很远的东山庄和西山庄。东山庄有个小伙叫赵景，西山庄有个姑娘叫阿彩。有一天，一位好心的老汉介绍他俩成了亲。他们要找老汉报答，可是老汉已经走了。于是夫妻俩就用米粉捏了尊老汉的面像以作纪念。可捏成后又怕别人笑话，于是就把面像藏到柜子里。谁知米粉面像耐不住久藏，后来取出一看，已经发霉了。他们就叫它为“霉人”。因“霉”字不雅，又将其称为“媒人”。从此之后，媒人便成为那些介绍男女结合的人的代名词。

上述三类传说故事，若按其产生时间特征加以分析，显然皆是男女两性结合才能繁衍种族的知识被发现之后人类历史事实的反映，且前两类产生较早，后一类问世较晚。这表明，媒妁在其产生之初，似乎经历了一个由神媒到“动物”媒，再到人媒的蜕变过程。

---

① 转引自直江广治：《中国民俗文化》，上海古籍出版社，1991 年版，第 11—12 页。

文献和民俗学资料，似乎也能证明媒妁的这种蜕变轨迹。历史上最早的媒，不是人，而是神；其所担负的职责起初并不在于为嫁娶的双方牵线搭桥，只是到后来才附加了撮合男女婚配的责任。这就是我国古文献资料中所称的“高禖”。

高禖，又称作“皋禖”、“神禖”，实际上是神媒。《说文》曰：“禖，祭也。”《礼记·月令》注：“变媒言禖，神之媒也。”这就是说，禖即是媒，只是将其视为神并进行祭祀，才将“媒”字写成了“禖”。而“禖”字源于“腜”字，《说文》曰：“腜，妇始孕，腜兆也。”朱骏声注：“高禖之禖，以腜为义。”《广雅·释亲》曰：“腜，胎也。”这说明，高禖最初为女性，而且为求嗣之神，是主持人类种族繁衍的最高神灵。

闻一多先生曾经指出：“古代各民族所祠的高禖，全是各民族的先妣。”① 不过，应注意的是，伴随着历史的发展，高禖则有过自女性向男性演变的历程。在我国，最有影响的女神是女娲，因其抟土造人而被看作是古代最早的高禖，因而“皋禖古祀女娲”（《路史·余论二》）。可能，母系制社会曾盛行过的女阴崇拜，即是最早的高禖形象。因此，简狄则被视

① 闻一多：《闻一多全集》，三联书店，1948 年版，第 1 册第 98 页。

为商族的高禖，姜嫄则被视为周族的高禖。

但是，伴随着男女结合与生育因果关系的被洞察，高禖也相应发生了性别上的变化。《通典》卷55曾说："汉文帝得太子，始为立高禖之祠。高禖者，人之先也，故立石为主，祀以太牢也。"这里的"立石为主"，就是以石象征高禖，又称其为"高禖石"，可能就是男根的形象。① 伏羲是华夏族的男性高禖。后人曾经推测："不知初为媒者其人是谁？按《世本》及谯周《古史考》，伏羲制以俪皮嫁娶之礼，既用之配天，其尊贵先媒当是伏羲也。"（《礼记·月令》孔颖达疏）这种推测所揭示的，则是一夫一妻制兴起之后华夏族所崇拜的禖神。后世，对高禖祭祀较为隆重，祭祀对象主要有伏羲、女娲、简狄、姜嫄等，男女两性高禖虽混杂，但实际上女性高禖的主导地位则由男性高禖所替代了。

有关猴娃娘故事传说中所谈到的"动物"媒，与现实中的媒妁则更加接近了一步，其所担负的职责也与后世牵线搭桥的媒妁有着相似之处。这类传说不仅描述了姑娘能与猴精结合，而且能生下后代，其性质显然与畲族传说其始祖与狗

① 孙作云：《中国古代的灵石崇拜》，《民族杂志》1937年第5卷第1期。

结合才产生了后代的说法有相似之处，应是一种图腾信仰的遗存。“图腾崇拜的特点就是相信人们的某一血缘联合体和动物的某一种类之间存在着血缘关系。”① 而其中来来往往传递媾和信息的喜鹊、黄蜂等“动物”媒，与后世所谓的“行媒”的来往奔波并没有什么区别。

行媒即来往做媒的人。《礼记·曲礼上》说：“男非有行媒，不相知名；非受币，不交不亲。”媒人之所以又被称为“行媒”，与古代上层社会联姻中的“使”有着一定的关系。《宋史·礼志》中有着宋代皇家宗室一般成员的婚姻仍由媒妁出面联络的记载，但是，为皇帝和诸王纳妃的联络人员则被称为“使”。之所以被称为“使”而不称为“媒妁”，一方面在于显示皇室的尊贵，另一方面则因源于上古时代氏族部落之间联姻的“使”。在《左传》中，有着众多某公使某来聘的资料，如“宋公使华元来聘”（《左传·成公八年》）。对此，孔颖达《疏》：“诸侯不可求媒于其国，使臣自行，则亦媒之义。”可见，“使”即为两姓氏集团之间的媒妁。因此，在父系制时代部落联盟形成之际，部落的生育之神为高禖，而来往于两

① 普列汉诺夫：《普列汉诺夫哲学著作选集》，三联书店，1963 年版，第 3 卷第 383 页。

部落之间负责求婚使命的“使”，则就很自然而然地被称为“媒”和“行媒”了。

而有关“媒人”的起源和传说，所表达的则是男女结合才能生育后代，媒的作用即在于促使了男女的结合，使种族得到繁衍。相距很远的东山庄的小伙与西山庄的姑娘在老汉的撮合下结为一对，生下了个“面人”儿，因而撮合的老汉才被称为“媒人”。

媒妁的出现和产生，导致了聘娶婚的兴起并成为传统时代的一种主要婚媾缔结形式。可以想象，在由母系制向父系制过渡的时代里，抢劫婚曾作为一种过渡性婚姻形式存在于人类社会之中。这种以暴力为特征的抢劫婚，给被抢女子所带来的不仅是其爱情的被摧残和人格的被折磨，而且能给双方家族带来流血的代价和感情的挫伤，甚至能影响到种族的繁衍和部落的兴衰。因此，媒妁的出现则能够有效地阻止和抑制抢劫婚的发展，从而使男女之间婚姻的缔结变得温和了起来。这大概是聘娶婚兴起并成为传统社会中的一种主要婚媾形式的根本原因吧。

用于婚媾的“聘”，即为旧式婚礼中的各种有关的订婚活动。前去女家求婚为行聘，女家同意婚事为许聘，所送女家各种礼物为下聘，一切程序以礼而聘。这些程序都有媒妁参与并起中介作用，因而媒人又被称为“媒聘”。在古代，我国的法律没有得到较为充分的发展，但规范社会和人生的礼俗却发育成一个庞大的体系。其中，俗为礼的基础，而礼则是俗的升华。因此，媒妁风俗的兴起，则为我国古代完备的聘礼的形成奠定了一个坚实的基础。

在周代，官媒似乎很为盛行。《周礼·地官·媒氏》记载说：“媒氏掌万民之判。”这里的媒氏即是官媒，是国家为婚姻而设置的官僚机构和官员。对此，郑康成曾注释说：“判，半也，得耦为合，主合其半，成夫妇也。”直至春秋时代，官媒仍然存在。管仲相齐时，“凡国郡皆有掌媒，取鳏寡而和合之，予田宅而家室之，称为合独”（《管子·入国篇》）。从西周时代的官媒掌“万民之判”，到春秋时期的掌媒“取鳏寡而和合之”，似乎官媒的作用减少了许多。从此也可推测，在父系制时代聘娶婚兴起之际，负责部落各氏族之间男女婚配责任的带有官媒性质的媒妁当是一种重要的部落职事人员。

当然，与部落媒妁同时兴起的所谓“私媒”也应运而生。这种私媒的担任者，除男方所聘熟悉者外，起初还应包括熟悉女方的小伙。我国众多少数民族存在着钟情于姑娘的小伙直接上门求婚的习俗，即是这种最早的媒妁之一的反映。例如，居住在贵州省贞丰布依族苗族自治县的仡佬族，男女青年热恋之后，小伙即怀揣一双用红布包好的竹筷来到女家，双手恭敬地放到堂屋中间的八仙桌上，女方父母即知道小伙来求婚了。之后，女家要用3个月到半年的时间打听小伙的为人和处事。半年之后，求婚的小伙提着一壶糯米酒再次来到女家，很有礼貌地说：“大爹大妈，你家有一朵美丽的鲜花，我搭了一座红桥（指红纸包竹筷），想求您老人家把花给我，我好拿家回去栽种，让它生根发芽，开出美丽的花。今天，我提一‘革当’（葫芦）凉水来给老人们漱漱口，解解渴，以便老人们启金口。”如果女家不同意这门婚事，会说：“我家这朵花不能移栽到你们寨上去，怕去了栽不活。你带来的仙家酒，我们也没得福分喝，还是提回去吧。”如果女家还需要对小伙进行更深入的了解，则会说：“你家这糯米酒还没熟透，留它再窖一年两年吧。我家这朵花也才发嫩苔长嫩叶，再等它长一些时候吧。”直到女家父母说“多谢你带来天上神仙酿的醇米酒，就让我们享享口福吧”，并考了小伙的盘歌之后，这门亲事才算定了下来。①

至于男家请熟悉者做媒人，以应付求婚中的某些尴尬场面，显然要比小伙亲自前去求婚要合适一些。这样的媒人即使在现实婚姻中也普遍存在，因而在聘娶婚兴起之际的父系制时代，当是重要的一种媒妁。现在，一些少数民族中仍保留着与包办婚有着本质不同的媒人，其源当是这类早期媒妁的延续和发展。例如，畲族媒人一律为男性，而且大都是很有威望的老年人。因此，畲族一般称媒人为“行郎”或“亲家伯”。而且，畲族媒人的作用并不在于牵线拉亲，只是在男女青年恋爱钟情的基础上，“完成订婚手续、商量结婚事宜、送糯米给女家酿结婚酒、婚礼举行前去接新娘四大任务”②。因此，这种媒人在社会上要受到人们的尊敬和爱戴。

但是，伴随着一整套父系制社会哲学伦理体系的不断完善，媒人这个来源于求嗣禖神的男女婚姻撮合者，无论是其社会地位，还是其声望，都开始下降了，随之而来的则是传统时代媒妁风俗的兴起和扩大。

---

① 汛河：《仡佬族的婚俗》，《龙门阵》，1984年第4期。
② 吴存浩：《中国婚俗》，山东人民出版社，1986年版，第211页。

（二）略带凄凉的《诗经》情歌

高禖主宰的是人类的繁衍，以撮合男女婚媾为己任的媒妁同样也不例外。而且，由于媒妁是父权制的产物，因而其职能并不仅仅在于撮合男女以生育后代，而且更侧重于强调嫁到男家的女子是否能生育属于男子血缘的后代。从此，爱情与婚姻被割裂了开来，男女之间的婚配再也不是当事者个人的行为，而变成了必须服从家庭和家族的政治利益、经济利益的凑合。婚姻的这种变异，对媒妁职能的变化起到了重要的导向作用。

在这种婚姻观的指引下，媒妁开始逐渐成为扼杀男女爱情的帮凶。《礼记·坊记》说："夫礼防民之淫，章民之别，……故男女无媒不交，无币不相见，恐男女之无别也。"媒妁之所以被强调得如此重要，无非是围绕和适应着区别男女、防止淫荡、维护在男系血缘关系上建立起来的宗法制这个关键问题而逐渐得以强化的。为保证妻子所生的孩子确系男子本人的后代，父权制下所形成的社会哲学伦理攻击最猛烈的一点，自然是无需媒妁远古婚媾时代女子的那种自由自在和毫无禁忌。因而，那时的婚姻关系也被认为是"乱骨肉，犯亲戚，无上下之序者。禽兽之作则乱，不知伦理”（王充：《论衡·书虚篇》）。从此，社会舆论对性关系的严格要求和反对社交的随意，主要的倾向则把矛头指向了女子。因此，那些主张自由交往和忠于爱情的女子便被视为失节，而体现父母和家族意志的“媒妁之言”，则成为防范淫荡女子进入男家的一条不可逾越的防线。

但是，必须看到，在媒妁风俗兴起并愈演愈烈的同时，也诱发了个性与人性的觉醒。因此，当儒家思想开始作为整个封建社会的正统思想之前，一方面是媒妁在撕裂和隔断男女之间的爱情，另一方面则是那些旷夫怨女利用远古时代无需媒妁婚姻的遗风来实现自己钟情的梦想。两者在抗争着，搏斗者，从而导致了《诗经》时代的情歌既带有着火热爱情的浪漫，又掺杂着扼杀爱情的凄凉。

自父系社会至于周代，经过漫长的衍化和酝酿，媒妁风俗在我国已经成为定制，以“礼”的形式被规定下来。《周礼·地官·媒氏》云：

> 媒氏掌万民之判。凡男女自成名以上，皆书年月日名焉。令男三十而娶，女二十而嫁。凡娶妻入子者皆书之。仲春之月，令会男女，于是时也，奔者不禁。若无

> 故而不用令者罚之；司男女之无夫家者而会之。凡嫁子娶妻，入币纯帛，无过五两。禁迁葬者与嫁殇者。凡男女之阴讼，听之于胜国之社。其附于刑者，归之于士。

可见，当时媒官的职责除包括登记已成年男女的出生日期及其姓名外，还包括督促男女青年及时婚嫁、监督执行聘礼数量、处理婚姻诉讼、帮助“无夫家”男女的结合及“仲春之月，令会男女”等。这不仅表明西周时代已将男女婚姻作为国家的大事而予以高度重视，制定了一系列带有法令法规性质的“礼”予以保障，同时也反映了兴起于母系制时代的仲春之月“野合”之风在周代仍有遗存。如此，作为天下万民婚姻管理机构的“媒氏”，一方面要严格而全面地执行聘娶婚礼，另一方面又在利用着远古无媒婚媾的遗风来促使钟情男女的结合，可谓网开一面，总算为那些旷夫怨女留下了一点可供钻的空子。大概，这也是造成《诗经》情歌既有怨恨情绪又有火热气氛的原因所在吧。

周代聘娶婚完善的标志在于“六礼”的出现和形成定制，而媒妁则作为“礼”的一部分被纳入了聘娶婚姻的礼制体系之中。在古代，婚礼是各种礼仪的基础，为我国传统社会伦理道德的出发点和培养基。对此，《礼记·昏义》曰：“昏礼者，将合二姓之好，上以事宗庙，而下以继后世也……礼之大体，所以成男女之别，而立夫妇之义也。男女有别，而后夫妇有义；夫妇有义，而后父子有亲；父子有亲，而后君臣有正。故曰，昏礼者，礼之本也。”在儒生们眼中，如果没有严肃的婚礼作为基础，什么夫妇之礼、父子之义、君臣之正都将失去了存在的基础和本源，整个的传统社会秩序都将混乱不堪，家将不家，国也将不国了。为此，周代制定了婚礼的规范化模式，以所谓的纳采、问名、纳吉、纳徵、请期、亲迎等“六礼”来控制和规范婚姻缔结的全过程。

纵观“六礼”的全过程，虽然成婚的当事人是男女双方，但躲在幕后操纵者却是媒妁。在“六礼”的实施过程中，媒人是必不可少的主要角色。“六礼”的第一步纳采，主要是指男方请人向女方提亲，并以雁作为礼物。这个前去女家送雁礼提亲的人，即是媒妁。所谓的“媒妁之言”，便从此打开了话匣。第二步问名在女家同意求婚后进行，要由媒妁前往女家，询问女方生母的姓氏、女子本人的名字及出生年月日时等情况，再转告男家，以便根据女方的生辰八字求神问卜。第三步纳吉，即是由媒人将有关男女求神问卜的吉兆通知女家，确定婚姻关系是否可以成立。在此，婚姻关系的缔结在

“父母之命，媒妁之言”的规范之外，又被套上了一条命定姻缘的镣铐，表明了纳吉的根本性质即是天命思想在婚姻领域的作祟。第四步纳徵又称“纳币”，即男家选吉日请媒妁将聘礼送往女家，以确定婚姻关系。聘礼的实质在于男方以钱财作为女子的身价以实现男方财物与女子的交换。第五步请期又称“告期”，即男方选出迎娶吉日后，请媒妁通知女家，以征得女方的同意。在第六步亲迎中，媒妁要陪同新郎及众位亲朋前往女家迎娶新娘。直至一对新人回到男家拜了天地，入了洞房，媒妁的使命才算完成了。因此，民间俗语说：“新人坐了床，媒人靠南墙。”

由此可见，“媒妁之言”贯穿于整个婚姻“六礼”的全过程。固然，在宗法制社会中，“媒妁之言”最终应该体现和附属于“父母之命”。但是，由于代表男女双方的“父母之命”往往因为某些具体问题而发生矛盾和冲突，“媒妁之言”则成为这些矛盾和冲突得以缓冲和调和的媒介，最终使代表双方家庭利益的“父母之命”能够在一定妥协的基础上达成共识，完成娶媳嫁女“谋合二姓”的使命。因此，“父母之命”又往往根据“媒妁之言”而定。这便是“媒妁之言”在整个旧时婚姻缔结中的地位和作用。从此，“男女以行媒始相知名，无媒则亦不交；男方无媒不得其妻，女方无媒老且不嫁”①，无媒婚姻是无效婚姻，明媒正娶婚姻是合法婚姻，便成为整个传统时代的定则。

不过，尽管“媒妁之言”与“父母之命”在随心所欲地摆布着男女青年的命运，扼杀着人类最美好的爱情，但是，由于时代的不同，媒妁所带来的作用也有着强弱的不同。因此，恋爱、择偶和婚配之间也就有着不同程度的联系和因果关系。

西周时代，由于媒妁之言还没有达到异常严厉的地步，以及上古无媒自由恋爱求偶遗风仍在流行，因而婚姻与恋爱之间还存有着一定的联系。《诗经·召南·摽有梅》即是“仲春之月，令会男女”远古遗风的反映：

摽有梅，其实七兮。
求我庶士，追其吉兮。

摽有梅，其实三兮，
求我庶士，追其今兮。

摽有梅，顷筐塈之。

① 陈顾远：《中国婚姻史》，上海书店，1984 年版，第 149 页。

求我庶士，迨其谓之。

这是一首表现女子趁男女相会之际急切寻找意中人心情的诗。大意是说，梅子纷纷落下，树上的果实越来越少，自己的青春犹如梅果一样即将逝去，有心求我的郎君，可不要耽搁仲春男女相会的吉日良辰，纯真的爱情快快降临吧。

《诗经·郑风·溱洧》所描绘的“仲春之月，令会男女”的场面更为壮观：

溱与洧，方涣涣兮。士与女，方秉蕑兮。女曰：“观乎！”士曰：“既且。”“且往观乎。洧之外，洵讦且乐。”维士与女，伊其相谑，赠之以芍药。

溱与洧，浏其清矣。士与女，殷其盈矣。女曰：“观乎！”士曰：“既且。”“且往观乎。洧之外，洵讦且乐。”维士与女，伊其将谑，赠之以芍药。

此诗描写了溱、洧河旁，桃花水欢唱之际，男女青年汇聚河旁，你拥我簇，男欢女悦，人山人海，熙熙攘攘，互赠芍药，个个恣情的盛况，完全是一副“于是时也，奔者不禁”的真实写照。

于是，以痴情、率直且毫无掩饰的白描式语言，大胆地告诫自己的恋人“你不爱我，我就爱别人”的情歌亦有之：

子惠思我，褰裳涉溱；子不我思，岂无他人？狂童之狂也且。

子惠思我，褰裳涉洧。子不思我，岂无他士？狂童之狂也且。（《诗经·郑风·褰裳》）

至于反映情人相约幽会、男女离别相思的诗，在《诗经》中更为多见，如《卫风·木瓜》、《周南·关雎》、《王风·采葛》、《小雅·隰桑》等，皆属此类作品。甚至，描述钟情男女野合的情歌，也被选入《诗经》之中：

爰采唐矣，沫之乡矣。云谁之思？美孟姜矣。期我乎——桑中，要我乎——上宫，送我乎——淇之上矣。

“桑中”的意思是什么？《淮南子》高诱注：“桑山之林，能兴云作雨也。”《墨子·明鬼》谓：“此男女之所属而观也。”《汉书·地理志》说：“男女亦亟集会，声色生焉。”可见，“桑中”与大禹同涂山女“通之于台桑”（《楚辞·天问》）的意思相一致，指的是钟情男女的野合之所。

其实，钟情男女青年在某些节日中的幽会，在先秦时代曾经是合法的。甚至，连传统时代最受尊崇的孔圣人也是这种男女野合风俗的产物。《史记·孔子世家》直接记载：“（叔颜）纥与颜氏女野合而生孔子。”而干宝《三日记》说得即比较含蓄："（颜）徵在生孔子空桑之地。"后人出于为尊者讳的考虑，硬说孔子的父亲先娶施氏，生了9个女儿，又娶妻生了个跛足儿子，最后才从父命娶妻颜氏徵在，生下了孔子。（《孔子家语》）如此记载，完全违背了先秦时代的历史真实，连孔子是个"私生子"的本来面貌也被篡改了。

《诗经》所载反映男女欢快爱情的情歌仅是一个侧面，而另一个侧面则是在极力地构筑"男女大防"的性隔离体系。于是，通过"父母之命，媒妁之言"的约束力来控制男女的婚配，以及由此所造成的反映钟情男女怨恨的抗议情歌便出现了。

《诗经·齐风·南山》描述了"父母之命，媒妁之言"作为合法婚姻缔结的通则而深入人心：

> 艺麻如之何？衡从其亩。取妻如之何？必告父母。既曰告止，曷又鞠止？
>
> 析薪如之何？匪斧不克。取妻如之何？匪媒不得。既曰得止，曷又极止？

而更多的则是，钟情男女惧于各种恶势力而不敢表达自己的爱慕之情，爱情被一层厚厚的雾霭笼罩，显得有点凄凉、悲伤和哀痛了。《诗经·鄘风·柏舟》所反映的，即是一个热恋中的女子，深爱着那个在河中泛舟的男子，并且至死也不改变自己的主张，可是母亲为什么不能体谅女儿的心思呢。而《诗经·郑风·将仲子》则反映了一个对自己的情人有着满腔的爱，却又惧怕强大的社会外力压迫的有情人的“可怀”与“可畏”的矛盾心理：

将仲子兮，无逾我里，无折我树杞。岂敢爱之，畏我父母。仲可怀也，父母之言，亦可畏也。

将仲子兮，无逾我墙，无折我树桑。岂敢爱之，畏我诸兄。仲可怀也，诸兄之言，亦可畏也。

将仲子兮，无逾我园，无折我树檀。岂敢爱之，畏人之多言。仲可怀也，人之多言，亦可畏也。

这表明，在《诗经》时代，“父母之命，媒妁之言”已经形成了一种强大的风俗，同时远古遗风仍然存在。因此，爱情的产生和爱情的抑制处于一种尖锐的冲突之中。在这种时代氛围中，即使男女双方已经萌发了爱情的种子，也只能按照聘嫁婚的程序去完成自己的婚配：

氓之蚩蚩，抱布贸丝。匪来贸丝，来即我谋。送子涉淇，至于顿丘。匪我愆期，子无良媒。将子无怒，秋以为期。

> 乘彼垝垣，以望复关。不见复关，泣涕涟涟。既见复关，载笑载言。尔卜尔筮，体无咎言。以尔车来，以我贿迁。（《诗经·卫风·氓》）

在此段诗中，几乎完整地描写了如何以“六礼”成婚的全过程，其中有“匪我愆期，子无良媒”所反映的纳采，有“尔卜尔筮，体无咎言”所反映的纳吉，有“将子无怒，秋以为期”所表达的亲迎等。如此现象所反映的是：“父母之命，媒妁之言”正以排山倒海之势，冲击着男女之间的感情桥梁，压迫着人类的爱情生活，因而，《诗经》情歌才呈现了不和谐的色彩，带有了人生的凄凉。

（三）好一个私奔的卓文君

历史的怪诞之处，即在于其走向进步和文明的同时，也往往把肮脏和龌龊洒向了人间。尽管进步和文明是人类的主流，但肮脏和龌龊给人类所带来的肆虐也实在令人窒息而成为一种灾难。

春秋时代，虽然儒学创立了，但是，儒学的始祖孔子仅是在男尊女卑上说了些有代表性的话，他还没有想出如何达到男尊女卑的坏点子，以构筑男女两性隔离的大防。顶多，孔子仅说了一句“唯女子与小人难养也”，以表示他对女性的歧视。

但是，在此之后，各类“男女有别”、“男女授受不亲”的话和理论便纷纷登场了，构筑男女性别隔离大防的种种措施也相继问世。而这些言论和措施，都是在为维护人类进步和文明的动听乐章中出台的：

> 古之时未有三纲六纪，民人但知其母，不知其父，能覆前而不能覆后，卧之法法，行之吁吁。……于是伏羲仰观象于天，俯察法于地，因夫妇，正五行，始定人道。（《白通虎·号篇》）

毫无疑问，这里所谓的“人道”，即是一夫一妻制确立之后所带来的子女可以确知其父母为核心内容的社会哲学伦理道德。可以肯定，一夫一妻制的确立，避免了“男女杂游”式无媒妁远古婚媾所造成的血缘上的混乱，无疑是人类文明的进步。但是，战国之后的儒家在肯定这种“人道”的同时，却把男女有别，严防异性接触，特别是严厉束缚女子与任何男子接触作为一条戒律，变着法儿构筑起一条男女性别隔离的大防，以牺牲男女青年的恋爱自由，尤其是扼杀女性的恋爱自由为代价，不仅使男尊女卑的观念得到了深化，而且使男女的交往进入了实施性隔离时期。从此，媒妁在我国男女婚姻缔结中的作用显得更为重要了。

亚圣孟子是最先倡导“男女授受不亲”的始作俑者，也是媒妁之言的极力鼓吹者。对于嫂子掉到河里，孟子都认为：“嫂溺不救，豺狼。男女授受不亲，礼也。嫂溺，援之以手者，权也。”(《孟子·离娄章句上》)。可见。为救掉到河中的嫂子而伸伸手，在孟子眼中是没有办法的办法。而《礼记》则把这种“男女有别”的大防原则运用于社会，规定了一系列具体的防范措施：

> 男女不杂坐，不同椸枷，不同巾栉，不亲授。嫂叔不通问，诸母不漱裳。外言不入于梱，内言不出于梱。女子许嫁，缨，非有大故不入其门。姑姊妹女子子，已嫁而反，兄弟弗与同席而坐，弗与同器而食。(《礼记·曲礼上)》

> 男不言内，女不言外。非祭非丧，不相授器。其相授，则女受以篚。其无篚，则皆坐奠之而后取之。外内不共井，不共湢浴，不通寝席，不通乞假。男女不通衣裳。内言不出，外言不入。男子入内，不啸不指，夜行以烛，无烛则止。女子出门，必拥蔽其面，夜行以烛，

无烛则止。道路，男子由右，女子由左。(《礼记·内则》)

如此规定，多么具体而严格。在同一家庭之中，男女之间的接触都要受到如此严格的限制和约束，具有一般关系的青年男女交往的被禁止就更可想而知了。在这样一个男女被一分为二的世界里，爱情和自由婚姻是绝对不可能发生的。男女青年之间要结百年之好，不靠媒人的沟通和父母的做主又靠什么呢？

正是因为如此，自战国时代起，即出现了人们既怨恨媒妁之言的虚妄不实，但又不得不依赖于媒妁之言的矛盾现象：

燕王谓苏代曰："寡人甚不喜訑者言也。"苏代对曰："周地贱媒，为其两誉也。之男家曰女美，之女家曰男富。然而周之俗，不自为娶妻，且夫处女无媒，老且不嫁。舍媒而自衒，弊而不售。顺而无败，售而不弊者，唯媒而已矣。且事非权不立，非势不成，夫使人坐受成事者，唯訑者耳。"(《战国策·燕策》)

这是一段很有趣的对话。訑，即欺诈。媒妁为"合二姓"，不得不使尽了浑身解数，甚至连坑蒙拐骗的看家本领都拿了出来，以致媒妁之言的"水分"太多而未可全信。但是，作为婚姻缔结的双方，离开了媒妁又不能顺利地结合，因而只得顺从媒妁的安排，听天由命了。这大概便是千百年来，大多数中国人既怀疑媒妁之言，又不得不屈从于媒妁之言、依赖于媒妁之言的一个根本原因吧。

而媒妁风俗也在这种心理观念的怂恿和支持下，大显神通而愈演愈烈，红红火火地发展了起来。大概正是如此，《楚辞》才出现了那样多的既对媒妁哀怨怀疑，又因无良媒而孤独痛苦的凄楚动人的吟唱，以表达对无法实现理想的巨大痛苦：

好姱佳丽兮，牉独处此异域。既茕独而不群兮，又无良媒在其侧。……何灵魂之信直兮，人之心不与吾心同。理弱而媒不通兮，尚不知余之从容。……路远处幽，又无行媒兮。道思作颂，聊以自救兮。（《抽思》）

吾令鸩为媒兮，鸩告余以不好。……心犹豫而狐疑兮，欲自适而不可。……理弱而媒拙兮，恐导言之不固。……苟中情其好修兮，又何必用夫行媒。（《离骚》）

至汉代，董仲舒将阴阳五行学说与儒学结合起来，创立了适应于封建统治所需要的新儒学，从而取得了“罢黜百家，独尊儒术”的地位而影响了中国数千年。董仲舒所创立的新儒学的核心，在于“天人感应”和“君权神授”论，而其社会哲学伦理的基本内容则是以阴阳关系去论证男女关系、夫妇关系、父子关系和君臣关系，从而建立了一整套完全适应于封建社会秩序的纲常理论。从此，男女有别的性隔离大防被构筑得更加严密，因而媒妁风俗的发展也得到了丰富的营养，从而使“媒妁之言”变成了一种普遍的社会风俗而被社会各阶层的人所遵守和实行着。

在我国历史上，极力宣扬男女有别、疯狂抑制女性的活动自由、拼命对女子进行奴化教育的，莫过于《女儿经》之类的通俗读物。此类读物的始作俑者当数东汉时代的班昭。班昭曾直言不讳地承认：“但伤诸女，方当适人，而不渐训诲，不闻妇礼，惧失容它门，取耻宗族……因作《女诫》七章。”（班昭：《女诫》）从此之后，《女孝经》、《女论语》、《女训》、《女学》、《女范》、《烈女传》之类宣扬“三从四德”的普及性读物则相继问世，成为规范和束缚女性自由的枷锁：

凡为宫室，必辨内外，深宫固门。内外不共井，不共浴室，不共厕。男治外事，女治内事。男子，昼无故不处私室。妇人，无故不窥中门。男子夜行以烛。妇人有故出中门，必拥蔽其面。男仆非有缮修，及有大故，不入中门；入中门，妇人必避之，不可避，亦必以袖遮

> 其面。女仆无故，不出中门；有故出中门，亦必拥蔽其面。铃下苍头但主通内外言，传致内外之物。（司马光：《涑水家仪》）

> 女处闺门，少令出户。唤来便来，唤去便去。稍有不从，当加叱怒。朝暮训诲，各勤事务。扫地烧香，纫麻缉苎。若在人前，教他礼数。递送茶汤，从容退步。莫纵娇痴，恐他啼怒。莫纵跳梁，恐他轻侮。莫纵歌词，恐他淫污……行莫回头，语莫掀唇。坐莫动膝，立莫摇裙。喜莫大笑，怒莫高声。（宋若华：《女论语》）

可以说，自汉代开始，如此礼教似一张无形的网，把女子打入了与世隔绝的地狱、失去人身自由的同时，也导致了媒妁风俗的普遍和流行。从此，钟情男女青年连“仲春之月……奔者不禁”的权利也丧失了。

汉代董永与七仙女结合的传说可谓妇孺皆知。当七仙女向董永大胆表露爱慕之情时，董永喜出望外。但为了成婚，他们不得不请土地爷出来证婚，请路旁的老槐树为媒，而且在老槐树面前拜了天地。这虽然仅是一个神话，但是，由此不仅可以看到汉代媒妁之言的普遍，而且也表明钟情男女只得把自己的美好婚配寄托于冥冥世界了。

因此，为了争得自己那点可怜的爱的权力，钟情男女便开始了被世俗所不容忍的私奔。于是，被后世传为风流佳话的卓文君与司马相如的故事便在汉代产生了。司马相如可谓是当时的才子，但因家贫无以自业而不得不为客他人。在一次

图 8　文君当垆卖酒（选自金陵书肆富春堂唐氏刻本明孙柚撰《琴心记》）

聚会上，司马相如“以琴心”挑动临邛富翁卓王孙的女儿卓文君。新寡而知音的佳人卓文君，“窃从户窥之，心悦而好之，恐不能得当也”。于是，“夜亡奔相如处，相如乃与驰归成都。家居徒四壁立”。对此，卓王孙大怒：“女不材，我不忍杀，不分一钱也。”后来逼得卓文君不得不在卓王孙的眼皮底下当垆卖酒。(图 8) 以司马相如的文才和名声尚且得不到卓王孙的谅解，不仅说明无媒婚姻的私奔能够导致父母的毅然绝情，而且说明卓文君确不愧为我国第一位敢于同“父母之命，媒妁之言”相抗争的坚强女子。

种种迹象表明，起码在汉代，私奔男女的婚媾后来所以往往能得到的父母和社会的承认，在于社会还没有形成和颁布有关制裁私奔婚的法律。这种状况的原因即如俗语所说的：“生米已做成熟饭，当爹娘的没办法。”对此，卓文君私奔后，其亲朋劝说卓王孙的理由便是：“今文君已失身于司马长卿，长卿故倦游，虽贫，其人材足依也。且又令客，独奈何相辱如此。”(《史记 · 司马相如列传》) 这说明，不以媒妁的私奔之所以使卓王孙受辱的根本原因，在于卓文君的“失身”，而不在于婚姻的是否美满。这同样说明，所谓明媒正娶婚缔结的主要前提条件之一，即在于两者必须是“授受不亲”的男女。

只可惜的是，类似卓文君与司马相如“凤求凰”式美满婚姻的私奔，在我国古代文献中实在少见。但在民族学资料中，还可见到这是钟情男女追求美满结合的一种形式。解放前，云南德宏一带，傈僳族男女青年私定终生后，绝不可将心中的秘密告诉父母，而是在约定的日子到来时，钟情的一对便躲进深山密林中。为此，女方父母急了，于是把所有的亲友请来，发动他们去寻找姑娘的下落。按习俗，如果3天之内找到了姑娘，那么男方便被认为是愚蠢无能的小伙，不但婚事告吹，而且男家还得出一笔钱财赔偿女方，弄不好，还会发生械斗之类的惨事；如果3天之内找不到姑娘，社会将公认这是一对合法夫妻，小伙也可以公开领着姑娘回村寨举行结婚仪式。① 如此私奔式婚俗，如同卓文君的私奔一样，同样是对媒妁婚媾的勇敢否定。

大概正是因为如此，卓文君才青史留名，而被后世称为“好一个钟情女子”、“好一个绝代知音”。

---

① 吴存浩：《中国婚俗》，山东人民出版社，1986年版，第196页。

（四）月老的红丝绳

“父母之命，媒妁之言”，犹如森严的牢狱围墙，将无数的青年男女禁锢其中，窒息着人的天然本性的发挥，摧残着爱情之花的怒放。

但是，必须看到，魏晋以前的中国，媒妁风俗得以流行的主要动力仅仅在于男女两性的性隔离，而社会构筑男女之大防的目的则为了保持女子的贞操。魏晋以后，这种观念不仅得到了进一步的强化，而且出现了月老的红丝绳这类带有前世姻缘、命中注定的宗教性婚姻类型。这种状况，自然为媒妁婚俗的进一步完善和强化增添了一种新的推动力。

月老，是媒人的一种别称，又称“月下老人”。月老的有关记载最早见于唐代李复言的《续玄怪录》“定婚店”条：

唐代，杜陵有个叫韦固的青年，很小的时候父母双亡，因而想早点完婚。可事与愿违，屡屡求婚都以失败而告终。贞观二年（公元628年），韦固出游清河途中旅居宋城南店。第二天天不亮即出门，见新月尚明，有位老人在店西龙兴寺门前台阶上，正倚着巾囊、借着月光翻阅书牍。韦固凑前一看，却不识得是什么字，求问老人所阅何书？老人说：“此幽冥之书，是天下婚约之书。”韦固又问老人囊中有何物？老人说：“囊中有红丝绳，是用来拴夫妻之足用的。任男女两家有深仇大恨，分处天南地北，一旦用此红丝绳系住双方的脚，最终也要结为夫妻的。你的脚早已系到了一个女子的脚上，你到处求婚又有何用！”韦固不禁问道：“我的妻子在哪里？”老人说：“你的妻子就是此店北面卖菜陈妪之女。”在老人的指点下，韦固来到菜场，见自己所谓的妻子竟是躺在老妇怀中的3岁女孩，而且穿得相当破烂。韦固异常愤怒，便吩咐家奴去刺杀这个丑陋不堪的女孩，结果只刺及女孩的眉间。14年后，韦固以父荫得官相州参军，刺史王泰很看重他，并把女儿嫁给了韦固。妻子花容月貌，只是眉间总贴着花钿，即便洗脸时也不取下。韦固问起原因，妻子告诉他自己幼儿时为贼人所伤之事。韦固听罢惊讶异常，说：“刺伤你的，不是别人，正是我呀！”遂把自己遇月下老人，指使家奴行刺的事尽述一遍。两人认为姻缘前世已定，“不可变也”，于是恩爱有加。从此，后人就把主管男女婚姻的神和媒人皆称为“月老”、“月下老人”。(图9)

故事“定婚店”的潜在主题，显然是在鼓吹前世姻缘、命中注定的思想。这样，婚姻的缔结起码自唐代起即被注入

了一层朦胧的神的意志，表明了月老的红丝绳有着不可违背、抗拒的性质。这实际上就是说“父母之命，媒妁之言”所确定

图 9　月下老人（清刊本《毓秀堂画传》）

的聘娶婚，代表的即是天的意志、命运的安排，因而不管你如何抗争，如何渴望主宰自己的爱情与婚姻，最终都将逃不出如来佛的手掌，不得不就范于月老的红丝绳。这种姻缘前世已定观念的流行并与媒妁风俗糅合在一起，使本来即以外在强制力量面貌出现的“媒妁之言”顿时带有了浓厚的天命

色彩，从而使其变成了人们乐于接受和相信的一种风俗。

如此前世姻缘、命中注定观念的出现，与佛教在我国的流行有一定的关系。固然，自原始社会起，鬼神观念在我国即很盛行，周代还出现了天命论，汉代更深化为“天人感应”理论，但是，这仅是原始时代灵魂不灭思想的进一步完善，因而人类能够转世再生并生生不断的思想还没有得到充分地表达。但是，伴随着魏晋南北朝时代佛教在我国的普及和流行，有关佛教的轮回说和宿命论开始变成了愚弄和统治人们的精神世界的一种支配力量。这种学说流行的结果，对婚姻缔结所带来的恶劣影响便是“姻缘天定”观念的猖獗。

姻缘天定观念在我国古代婚姻缔结中，曾作为一种普遍性观念而左右着人们的思想和行动。冯梦龙曾说过：“自古婚姻天定，不繇人力谋求。有缘千里也相投，对面无缘不偶。仙境桃花出水，宫中红叶传沟。三生簿上注风流，何用冰人开口。”（《醒世恒言·乔太守乱点鸳鸯谱》）在《红楼梦》中，薛姨妈对宝钗、黛玉说得更玄：“我的儿，你们女孩家哪里知道，自古道：‘千里姻缘一线牵’，管姻缘有位月下老儿，预先注定，暗里只用一根红线把这两个人的脚绊住，凭你两家哪怕隔着海呢，倘有姻缘的，终究有机会作成了夫妇。这一件事，都是出人意料之外。凭父母本人都愿意了，或是年年在一处，以为是定了的亲事，若是月下老人不用红线拴的，再不能到一处。”（《红楼梦》第57回）薛姨妈的这番话，与宝钗、黛玉“玉带林中挂，金钗雪里埋”的爱情悲剧相吻合，实在是月老的红丝绳的又一绝妙表述。

姻缘天命观念的实质和作用，即是要借助神的力量将婚姻的缔结纳入封建礼法的轨道。在唐代李复言《续玄怪录》中还记载有这样一个故事：

某李氏之女已许卢生，当晚就要拜堂成亲。正在占卜是否吉利时，来了位女巫。李夫人问：“小女今晚嫁人，你看我女婿卢生将来的官运如何？”女巫说：“你所说的卢生是那位有胡须的吗？”李氏答：“是。”女巫说：“那位长胡须的卢生不是你的女婿，你的女婿是位中等身材没有胡须的白面书生。”李氏吃惊地问：“如此，小女今晚还能出嫁吗？”女巫说：“能。”不一会儿，卢生前来纳徽，李氏认为女巫全是一派胡言，即把她赶走了。晚上，卢生前来亲迎，进屋见到李氏之女竟是“两眼赤，且大如朱盏，牙长数寸，出口之两角”的凶神恶煞，惊吓至极，夺门而出，骑马狂奔而去。众宾客追上卢生，劝他归来完婚，但卢生执意不肯，终也没有回来。

李氏感到卢生在捉弄自己，不胜其愤，叫女儿出来让众人评论，果然是位花容月貌、天下罕见的美女。对此，众人愤愤不平，李氏也执意于当晚嫁女，说："众位已见过我的女儿，倘有愿聘娶者，请今晚完婚。"正巧，原被卢生请做傧相的郑生尚未婚配，且他"愿事门馆"。于是，当即奉书择相，登车成礼。事后，李氏回想当初女巫所谈女婿相貌恰与郑生相同，这才感到女巫确有先见之明。

尽管这个故事颇为怪异幻化，但其中所蕴含的潜台词则十分明确，即姻缘早已在命中注定，撮合男女婚姻的媒妁所表达的即是天的意志、神的安排，作为婚姻的当事者只有甘心情愿地屈从于媒妁之言，受制于强制的婚姻。

这种姻缘天定观念，确是维护封建婚姻的一种廉价而理想的武器。在迷信思想横行的时代，作为婚姻当事人，尽管"父母之命，媒妁之言"给他们安排的结合并不理想，但那些旷夫怨女们也只得认账了，无论自己的配偶是美是丑、是高是矮、是肥是瘦、是凶是祥、是老是少、是瘸是瞎、是残是疾，他们都认命了。在旧时婚姻的大多数当事人看来，婚姻既然是上苍的安排，无论如何不满，也应该凑合下去。从这种认识出发，不仅使旧时婚姻的当事人在心灵上得了廉价的安慰，求得了某种心理的平衡，而且麻痹了整个古代人类的神经，使人们把一切的婚姻都恭维为“喜事”，并且要群起而去“看喜”、“送喜钱”、“喝喜酒”，还要祝愿结婚者“白头偕老”，哪管结婚的当事人是钟情还是被捆绑。（图 10）这真是人类的作茧自缚，是运用月老红丝绳的自缚。

图 10　红绸、红绳串联起一对新人（叶涛　摄）

但是，也应看到，爱情终没有被完全的窒息，总还有那么一部分男女，不甘于将痴情一片乖乖地向“父母之命，媒妁之言”风俗双手奉送，也不麻醉于姻缘天定的说教，而是大胆地去爱，甚至不惜以生命去抗争。问世于魏晋南北朝之际的《孔雀东南飞》，描写的便是一对恩爱夫妻刘兰芝和焦仲卿被婆婆拆散，最后双双以死殉情，实现了生不能相爱，死后合葬一起，“东西植松柏，左右种梧桐。枝枝相覆盖，叶叶相交通。中有双飞鸟，自名为鸳鸯。仰头相向鸣，夜夜达五更”的愿望。尽管，当兰芝被逼回娘家不久，县令即三番五次“遣媒来”，但媒人“诺诺复尔尔”的主意终于被打得粉碎。

类似于《孔雀东南飞》式的以身殉情现象，似乎是婚姻天定观念流传之后才开始出现的。梁山伯与祝英台的生死恋发生在东晋，两人学成分手时私定终生。谁知，祝英台回到家中刚换上女儿装，即有媒人上门来为附近大户马家的儿子求婚，父亲便答应了这门亲事。岂知祝英台死活不肯，并将心事告诉了父母。女儿私定终生的事引来父亲的严厉训斥。为求得来世的幸福，于是便发生了妇孺皆知的梁祝双双殉情。

在现实生活中，以身殉情的现象也所在多有。这种现象，既是对“父母之命，媒妁之言”的反抗，又是对婚姻天定观念的消极性否定。殉情现象，在解放前的丽江纳西族较为多见。男女青年结婚前，有着社交自由、情投意合的男女常常私定终生。然而，丽江纳西族旧时婚姻必须由父母做主，媒人撮合，以牛羊猪酒聘娶，本人无选择配偶的权力。于是，一些热恋着的男女青年在无法获得婚姻自由时，便产生了“生不同衾，死时共穴”的思想，相约至玉龙山或村寨附近风景优美的地方殉情自杀。① 固然，这种反抗方式是消极的，但表现了纳西族青年追求爱情、勇于同封建伦理做斗争的献身精神。

更有甚者，有的钟情男女运用姻缘天定的说教，去攻击和否定“父母之命，媒妁之言”式婚姻，以争取实现爱的结合。由于轮回说、宿命论等观念曾牢固地统治着过去人们的思想，因而钟情的男女也会将私定的婚姻认为是“前世姻缘，过河一船。今世相遇，鸳鸯一对”式的美满婚姻。加之姻缘天定式婚姻和明媒正娶式婚姻并没有在外延上严格予以界定，从而导致了各种思想内容都可以填充到姻缘天定观念中来。这样，即使两者在婚姻的缔结上发生了以己之矛，攻己之盾的现象，在封建婚姻观念发生内乱的同时，也为男女实现爱情基础上的自主婚姻铺垫了台阶和提供了某种便利。

于是，“天赐良缘”观念便产生出来，并成为与“父母之命，媒妁之言”相抗衡的一种力量。元代四大爱情剧之一《墙头马上》，描写的即是洛阳李总管的女儿李千金与裴尚书的儿子裴少俊一见钟情而私奔的故事。后来裴尚书质问李千

---

① 李近春、王承权：《纳西族》，民族出版社，1984年版，第31页。

金：“谁是媒人？下了多少钱财？谁主婚来？”想以明媒正娶婚的标准来否定私奔婚配。但李千金却毫不示弱地予以反抗，理由便是：“这姻缘也是天赐的！”这显然是对封建婚姻的勇敢挑战，带有着强烈的叛逆色彩。为此，作者甚至提出了“只要姻缘天配合，何必区区结彩楼”那样对于婚姻缔结的诘问。但是，作者偏要画蛇添足，在剧尾交代，李千金与裴少俊原本早已由双方父母指腹为婚，裴尚书觉察之后，也有请求原谅，重认儿媳的举动：“我当初也曾议亲来，谁知道你暗合姻缘。”固然，这是一个将命运、天意、爱情和“父母之命，媒妁之言”混杂在一起的大杂烩，但至少说明姻缘天定观念是既可以作为钟情男女结合的挡箭牌，又可以作为“父母之命，媒妁之言”的理论依据这样一种各为所用的复杂现象。

大概正是基于这种原因，姻缘天定观念给婚姻缔结现实所带来的，同样是模糊不清的界限和混乱不堪的内容。一对青年男女相见钟情私定终生而自认为是“天赐良缘”，但社会认为这是“淫乱”的行为。对于媒妁所撮合而成的无爱婚配，婚姻的当事人可以认为这是“天意”而发出无可奈何的感叹，但社会却恭维这是“天作之合”、“天赐良缘”、“千里共婵娟”。月老的红丝绳哟，确实是迷迷蒙蒙，笼罩着一层神秘的光环。

不过，就姻缘天定在旧时婚姻缔结上所起到的作用而言，其对人们的奴役要远远超过其给予人们的恩赐。月老的红丝绳捆绑了男女青年追求爱情的翅膀，也消弭了人们对于“媒妁之言”欺骗性、强制性和残酷性的认识。“两情若是久长时，又岂在朝朝暮暮。”既然一切都早已命中注定，又何必去呐喊，去抗争，甚至以死去殉情。年轻人啊，还是放弃爱的权利，老老实实地听从“媒妁之言”，乖乖地就范于月老的红丝绳吧！

这，便是月老红丝绳的无边法力。

（五）《大唐律》的威严

在我国古代，法律的产生都似乎走过了一个由俗而礼，再由礼而法的过程。有关媒妁法律条文的问世，同样如此。

固然，媒妁风俗在我国产生于原始社会的末期，在周代又被上升为礼的范畴而规范着人们的婚姻关系缔结，但是，以“父母之命，媒妁之言”为主体建立起来的封建婚姻法律体系，在唐代才得以问世。

在唐代以前，媒妁在婚姻关系缔结中仅是礼制需要的体现。而自唐代起，媒妁在婚姻关系缔结中，则被升华为封建法律的内容之一。媒妁作为礼制的内容，主要地体现为一种社会的伦理规范，更多地侧重于对媒妁婚姻的提倡，还缺乏一定的法律强迫性。固然，类似《晋书·刑法志》中也有“崇嫁娶之要，一以下聘为正，不理私约，峻礼教之防，准五服以制罪”等严厉规定，但起码在唐代以前，还没有涉及媒妁在法律上应对婚姻缔结所承担的法律责任问题。

但是，自唐代起，关于媒妁在法律上的责任已有明确规定。《唐律·户婚》曰：“为婚之法，必有行媒。”《唐律·名例》道：“嫁娶有媒，买卖有保。”这说明，起码自唐代起，媒妁已在传统婚姻关系缔结中占有了法定地位，“媒妁之言”已得到了法律的承认和保护，因而也只有经过媒妁说合的婚姻才能算作为有效婚姻，否则即要受到法律的惩罚。这样，媒妁在婚姻缔结中的作用，已不再仅局限于是一种社会伦理道德的束缚，而包括有法律的强制作用了。

媒妁一经入律，则意味着媒妁承担的责任绝不单单在于民间的“谋合二姓”，而且扩大到要对国家和法律负有一定的责任了。对此，《唐律·户婚》规定：“诸嫁娶违章，祖父母、父母主婚者，独坐主婚；未成者，各减已成五等，媒人各减首罪二等。”自此以后，历代法律皆有关于媒妁违制的法律条文。例如，宋代即规定："其冒妄成婚者，以违制论，主婚宗亲与媒保同坐，不以赦降。"（《宋史・礼志》）明清时代也规定："凡嫁娶违律，……若媒人知情者，各减犯人罪一等，不知者不坐"（《大明律合编》、《大清现行刑律》）。这表明，自唐代起，媒妁在传统婚姻关系缔结中的作用得到法律上肯定的同时，媒妁也必须按照封建社会的定制来扮演男女婚姻的牵线人了。

媒妁在传统婚姻关系缔结中所承担的封建法律责任，主要表现在以下 4 个方面：

第一，必须坚持同姓不婚、宗亲及亲属不婚的原则。同姓不婚，是一条古老的婚姻缔结原则和禁忌。而宗亲及亲属不婚的原则，则是同姓不婚原则的引申和具体的规定。《唐律疏义》曰："假有同姓为婚，合徒二年，未成，即杖八十。此是各减五等，其媒人犹徒一年"；"娶尝为同宗无服亲及袒免亲之妻者，各杖一百。娶缌麻亲之妻如族伯叔祖母、族伯叔母、族兄弟妻、堂侄孙妇、曾侄孙妇，各徒一年。娶小功、大功、期亲之妻，以奸论。妻亲中之侄妇、小功中之伯叔祖母、堂叔祖母，各绞。娶堂兄弟妻、再从兄弟妻、堂侄妇、堂孙妇，各徒三年。……媒人者各减罪首二等。"如此规定，对于防止近亲结婚自然有一定的积极意义，但在实际婚姻关系缔结中，则往往流于形式而使法律成为一纸空文。

第二，必须坚持良贱不婚、士庶不婚的原则。良贱不婚、士庶不婚是旧式传统婚姻关系缔结的外在标准之一，是古代社会等级尊卑制度的一种具体体现。因此，封建婚姻法律严格规定不同社会等级的人不能相互通婚，否则即被视为犯罪行为。《唐律·户婚》明文规定："诸与奴娶良人女为妻者，徒一年半；女家，减一等，离之。其奴自娶者，亦如之。主知情者，杖一百。因而上籍为婢者，流三千里"；"诸杂户不得与良人为婚，违者，杖一百。官户娶良人女者，亦如之。良人娶官户女者，加二等"。之所以如此，按照唐朝著名政治家长孙无忌的解释便是："人各有耦，色类须同。良贱既殊，何宜配合。"（《唐律疏义》）从此即可看出，封建等级观念对于婚姻关系的缔结具有极为重要的决定性作用，社会各等级之间相隔着一条鸿沟，婚姻关系的缔结也绝不能越雷池一步。

第三，必须坚持不得违时嫁娶的原则。所谓不得违时嫁娶，主要是指为维护封建礼制而禁止在亲属服丧期间或帝王丧期之内结婚的行为。对此，周代即已经做出了有关规定。《礼记·内则》曰："（女子）二十而嫁，有故，二十三年而嫁。”此处的“有故者”即是指为父母守丧3年。在为父母服丧期间完婚，历来被视为不孝之一。北齐时，应州刺史唐君明在为母亲服丧期间完婚，结果遭到御史的弹劾。《唐律·户婚》即规定：“诸居父母丧……嫁娶者，徒三年，妾减三等，各离之。……若居期亲之丧而嫁娶者，杖一百，婢幼减二等，妾不坐。”《唐律疏义》则曰：“父母丧内为嫁娶者，媒合从不应为重，杖八十，夫丧从轻，合笞四十。”这表明，在父母服丧期间完婚，不仅婚姻当事人要负法律责任，即使媒妁也应受到法律的制裁。

第四，必须参与婚姻关系缔结契约的签订活动。媒妁既是男女婚姻的牵线人和撮合者，又是合法有效婚姻的见证者。因此，当契约关系伴随着封建依附关系逐渐松动而兴起之际，婚姻关系的缔结也逐渐运用了这种形式而出现了订婚须立婚书的现象。在古代婚姻关系缔结的契约凭证上，有“婚书”与“私约”之别。有关两者的界定存在着多种说法：一种说法是：“古制男女订婚后，即立婚书，报于所司，其不报者，即私约也。”（《大清律例》卷10引辑注）依此，则婚书与私约的区别，只在于有无媒氏向官府通报与否。另一种说法是：“男家致礼请，女氏答尚许讫”，为“已报婚书”，“宿相谙委，两情具惬，私有契约者”(《唐律疏义》)，为私约。第三种说法是：“密约已定，而未纳采”(《宋史·向敏中传》)，即男女两家的定亲“草帖子”为私约，而婚书则是依礼交换之后，订婚书方可生效，被宋代人称为“订婚书”或“定帖”、“纳帖”(《梦粱录》)。这几种说法虽不尽统一，但其中都有关于媒妁必须作为婚姻关系见证人或撮合人身份的意思。

从已发现的婚姻契约文书遗存看，唐代男家礼聘者，谓“通婚书”，女家许诺者，谓“答婚书”。无论通婚书，还是答婚书，其内容都是虚文套语，而真正起契约作用的则是“别纸”。别纸所载内容，除有主婚人与订婚人的关系、男女的姓名及年龄、求婚及许婚的意见等外，还特别载明“谨同媒人×氏×乙，敢以礼请允”，“谨回媒人×氏，敢不敬从”等语(《敦煌掇琐》)，说明媒妁在婚姻关系缔结契约中具有特别重要的地位。

宋元以降，媒妁在婚姻关系缔结契约中，具有愈加显赫的地位。宋代民间婚姻关系的缔结，“先凭媒氏以草帖子通于男家，男家以草帖问卜……然后过细帖，又谓定帖。帖中序男家三代……女家回定帖，亦如前……其伐柯人两家通报，择吉日过帖……定帖送过，方可定论。”(《梦粱录》)元代与宋代相同，但媒妁要在婚书上画押，其法律责任也显得更为重要。在元刻本《新编事文类聚·启扎青钱》中，载有订婚书两则，似为当时民间通用的婚书格式。其纳娶书式为：

某州某县某处姓某，今凭某人为媒，某人为保亲，以某长男名某，见年几岁，与某处某人第几令爱，名某姐，见年几岁，缔亲，备到纳聘礼若干。自聘定后，择日成亲。所愿夫妻偕老，琴瑟和谐。今立婚书为用者。

年　月　日　　　　婚主姓　某押　启

女婿姓　某押

合同婚书　　　　保亲姓　某押

媒人姓　某押

回聘书式为：

某乡贯姓某，今凭某人为媒，某人为保亲，以某第几女名某姐，见年几岁，与某处某人□（几）男名某，见年几岁，结亲，领讫财礼若干。自受聘后，一任择日成亲。所愿夫妻保守，□（嗣）续繁昌。今立婚书为用者。

年　月　日　　　　婚主姓　某押　启

女　姓　某押

合同婚书　　　　　　　　　　　　保亲姓　某押

　　　　　　　　　　　　　　　　媒人姓　某押

类似此种具有严厉法律效力的契约婚姻，固然在于严禁为婚妄冒，“以杜其奸”（《元典章》），但是，婚姻当事人的情感却被由媒妁、保亲人及父母所参与签订的婚姻契约所出卖了。如果违约，《唐律》规定：“为婚之法，……当时理有契约，女家违约妄冒者，徒一年；男家妄冒者加一等；未成者依本约。”（《唐律疏义》）《明律》规定：“凡男女订婚之初……写立婚书，依礼聘嫁。若为婚而女家妄冒者，杖八十，追还财礼；男家妄冒者加一等，不追财礼。未成婚者，仍依原定；已成婚者，离异。”（《明律・户律・婚姻门》）如此经过法律确认的婚姻契约形式，进一步强化了“父母之命，媒妁之言”对于婚姻当事人的控制，意味着媒妁在婚姻关系缔结中的作用，已从伦理规范阶段进入到法律强制时期。

可以说，自唐代之后，封建婚姻在族权、神权和国家意志的综合支配下，已经成为被先验地设置在人生旅途中的一个牢笼，完全变成了“当事人反而做了不能过问的傀儡”① 的

① 《巴金全集》第1卷，第321页。

强权婚姻。此种被封建国家视为有效婚姻关系缔结的强制契约，便是“父母之命，媒妁之言”这个已经被习惯化、礼制化、神圣化、法律化和宗教化的“绝对命令”，而婚姻也只能是强制之下的无情组合了。

三　为钱财？还是为其他？

媒人自从问世之后，在漫长的历史岁月中，逐渐地被装饰上了伦理的、天命的、法律的光环。为了“谋合二姓”，媒人也用尽了浑身的解数，费尽了心机。那么，其辛苦的目的又是什么呢？

人世间的利益法则是：投入的目的即在于收获。媒人的活动也没有逃脱这个法则的制约和支配。那么，媒人投入了自己的心血，可又收获了什么呢？

（一）猪头、酒肉及“茶”哟

媒人自有记载以来，似乎即有着不太好的名声。《战国策·燕策》即说：“周地贱媒，为其两誉也。之男家曰女美，之女家曰男富。”可见，媒人被社会所鄙贱的原因之一，在于其撮合婚姻之际不能如实地反映男女双方的真实情况。

即使背负被鄙视的骂名，历代媒人依然我行我素，原因何在？恐怕在于以“谋合二妁”为名，骗吃骗喝骗钱财。

自古以来，媒人为人说媒，必求酬值。汉代，《焦氏易林》记载：“东齐郭庐，嫁子洛阳，俊良美好，媒利过倍。”

对此，民间俗语说：“媒人媒人黑心肝，这头哄来那头瞒，挣个猪头解解馋。”

以一个猪头来酬谢媒人，这是过去我国某些地区谢媒的规矩。而在另一些地区，谢媒的原则大都是为媒人买一块上等的好衣料。因此，这些地区的俗话便是：“说成一门亲，好穿一身新。”

在过去，民间谢媒的礼物是在男女完婚之次日或3天内送到媒人手中。但这仅是谢媒礼，至于请媒人为之说亲和招待媒人为撮合男女两家联姻的奔走，则不包括在谢媒酬礼之内。

请媒人说亲，要酒肉招待。因此，民间俗语说：“成不成，三两瓶。”媒人奔波于男女两家，投其所好，油嘴滑舌，连瞒带骗，不管两家最后是否能够联姻，首先即能挣得几顿酒肉下肚，则是某些贪嘴媒人好为人说亲的原因之一。因此，那些《哭嫁歌》中的“骂媒人调”也骂得格外痛快淋漓。如土家族一首骂“媒人歌”唱道：

背时媒人是条狗，

那头吃了这头走。
娘家来吹女婿好，
婆家去夸嫁妆多。
树上麻雀哄得来，
岩上猴子骗得走。
豌豆开花角对角，
媒人吃了烂嘴角。
铁树开花八寸长，
媒人吃了烂大肠。
板栗开花球对珠，
背时媒人吃了断舌又烂喉。①

流传在江苏省如皋地区的“骂媒调”，同样也反映了民间媒人图吃喝、图穿戴而坑害男女婚姻情感的历史状况：

不恨公，不恨婆，只恨东庄坏媒婆；
走媒路，害脚疮，吃媒酒，害屁股；
戴媒帽，害癞头，穿媒衣，满身破；
不恨亲，不恨邻，只恨媒婆不是人。②

① 吴存浩：《中国婚俗》，山东人民出版社，1986 年版，第 147 页。
② 缪政：《传统婚俗与婚礼歌》，《民间文学》1983 年第 5 期。

可以说，图谋婚配双方的钱财，是促使一些媒人不惜坑蒙拐骗，自毁人格的真正动因。因此，俗语说："贪贿说风情。"《韩昌黎集·试大理评事王君墓志铭》载："初处士将嫁其女，懲曰：'吾以龃龉穷，一女怜之，必嫁官人，不以与凡子。'君……即漫谓媒妪曰：'吾明经及第，且选，即官人。侯翁女幸嫁，若能令翁许我，请进百金为妪谢。'妪寻诺，白翁。翁曰：'诚官人耶，取文书来。'君计穷吐实，妪曰：'无苦，翁大人不疑人欺，我得一卷书，粗若告身者，我袖以往，翁见未必取视，幸而听我。'行其谋，翁望见文书衔袖，果信不疑，曰：'足矣。'以女与王氏。"这个媒妪确实是个不太高明的骗子，但却是一个深知侯翁有着"不疑人欺"秉性的媒婆，因而在"百金为妪谢"的驱使下，将一个根本无指望的婚配撮合成功，足见封建社会中"有钱能使鬼推磨"这则金科玉律在"媒妁之言"上的体现。

媒人爱财，尤其是以说媒为职业或作为"第二职业"的媒婆，则更是见钱眼开，爱钱如命。此种现象在过去所在多有，充实于民间的现实和传说之中。《古今小说》所载"张古老种瓜娶文女"的故事，反映的即是这方面的历史真实：张古老年已 80 岁，却要娶年仅 18 岁的文女为妻，于是叫来张媒、李媒两个媒婆，每人先给 3 两银子，且答应事成之后再各给 5 两银子。这两个媒婆明知此婚事不合适，但还是冲着银子真的去说媒了，最后竟凭借着哄瞒拐骗成就了这门亲事。这看来似乎是天方夜谭，但在金钱万能和“媒妁之言”为婚媾必需条件的传统社会中，这种现象则是多有发生的。

媒婆贪财如命的本性，不仅表现在寻常人家的婚姻关系缔结上，即使在达官贵人的婚配上，也同样要被狠狠地宰一刀。在《元曲选》所载《㑇梅香》中，描写了一个为新科状元白敏中与裴相国之女撮合的官媒，而此官媒则是受奉圣上之命的李尚书之托负责撮合这门亲事的，其一上场则自我表白说：“我做媒婆古怪，人人说我口快。穷男我说他有钱，丑女我说她娇态。讲财礼两下欺瞒，落花红我则凭白赖。似这等本分为人，定图个前程远大。”为新科状元和相国之女说亲尚敢“讲财礼两下欺瞒，落花红我则凭白赖”，足见媒婆敛财可谓达到毫无顾忌的地步了。(图 11)

图 11　白敏中㑳梅香（选自顾曲斋刻本元明《古杂剧》）

大概正是因为如此，在古代的一些法令中，才有关于限制媒妁敛财和责令“媒妁行”纳税的规定。元代《通制条格》规定：“今后媒妁……无得似以前多取媒钱，及滥余设立，违者治罪。”《元史·刑法志》则规定：“诸男女婚姻，媒人违制，多索聘财，及多取媒利者，谕众遣决。”这表明，媒婆随意勒索钱财，已成为当时社会上的一大公害。

在明代，媒人被列为社会行业之一，而且要向国家提供铺税。《宛署杂记·铺行门》载："万历七年（公元1579年）正月……查得宛（平）大（兴）二县，原编一百三十二行，除本多利重，如典当等项一百行，仍行照旧纳银……外……媒人行……（等）共三十二行，仰祈皇上特赐宽恤，断自本年六月初一日，以后免其纳银。"媒妁行作为一种提供税银的社会行业曾经存在过，不仅说明媒人从业人员的众多，而且说明这确曾是一种敛财的职业。

不过，值得注意的是，尽管媒人如同《拍案惊奇》中的媒婆杨老妈见了银子"如苍蝇见血"那样贪婪，但媒婆通过正常聘娶仪式所得的钱财毕竟有限，因而有些更加贪婪的媒婆，则把敛财的眼光盯到了为人通奸和私情往来的牵线撮合上，以便谋取更多的不义之财。在我国古代文学上，曾经有过几个被刻画得异常深刻的反面媒婆形象，可谓对现实生活中种种恶媒做出了高度的艺术概括，真实地揭示了媒婆对金钱和私利追逐的丑恶灵魂。

其中，《金瓶梅》中的王婆便是典型的一例。在《金瓶梅》所描写到的几个媒婆中，王婆是用笔最多也是写得最为成功的一个。通过为潘金莲与西门庆牵线私通和私卖潘金莲的两个故事情节，充分揭示了王婆是此道中里手，表现了她的精明、圆滑、贪婪、无耻、狠毒的性格特征。当王婆一发现西门庆与潘金莲首次见面时的情色，即打定主意“且交他来老娘手里纳些财钞，赚他几贯风流钱使”，准备着在西门庆身上开一条生财之道。她成了西门庆这类豪门无赖的帮凶，从而也成为依附于豪门的寄生虫。王婆处处钻营，毒计施尽，最终目的还是为了她个人的私利：西门庆勾搭潘金莲时，许下了10两银子，她几番叮嘱不要失信；找潘金莲裁衣，又赚了一套养老送终的衣料；潘金莲出来后住在她家里，陈经济来看潘金莲，又得了两吊铜钱；武松赎回潘金莲时，被她敲了100两银子的竹杠不说，同时还得了武松500两银子的酬谢。可以说，蹂躏潘金莲的是西门庆，同时也有王婆这个帮凶；杀掉潘金莲的是武松，同时也有王婆那比刀还凶的舌头；王婆所得到的钱财，虽然表面上出自西门庆、陈经济、武松之手，但实际上却是从潘金莲这个封建婚姻牺牲者和叛逆者的骨髓里榨出来的。(图12)

图 12　为西门庆与潘金莲牵皮条的王婆

（选自《金瓶梅人物论》插图）

冯梦龙《喻世明言》第一卷《蒋兴哥重会珍珠衫》中的薛婆，也是极为典型的一个媒婆。薛婆虽不是职业媒人，为人作伐仅偶尔为之，但她为了钱财而处心积虑，不择手段坑害良家女子的种种劣迹，表明其水平绝不在《金瓶梅》所描述的王婆之下。蒋兴哥与王三巧本是一对恩爱夫妻，蒋兴哥为商务而远去广东，独守空房的王三巧被外地商人陈大郎看中，于是送薛婆 100 两白银和两锭 10 两金子，希望她能从中作伐。（图 13）在薛婆的精心策划下，经过结识、再访、回情、住人、下手等步骤，终于把王三巧从思想上到行动上完全拖下水，使陈大郎与王三巧勾搭成奸。事成之后，陈大郎又以100两银子为谢，王三巧前后也送给薛婆30多两银子。这白花花的银子、金灿灿的黄货，支配着薛婆巧动心机，不惜花费半年多的功夫去把王三巧拖下水，真实地揭露了见利忘义媒婆的贪婪本性。

图13　见了银子如蚊子见血的薛婆
（选自《喻世明言·蒋兴哥重会珍珠衫》连环画集）

可能基于媒人“贪贿说风情”的现象，因此，那些见利忘义，敛取钱财的媒人便被贬称为“牙婆”、“牵头”、“马泊六”等。牙婆本意是“人贩子”，但牙婆所从事的活动，更多的则是为豪门买妻买妾。在《醒世恒言》“两县令竞义婚孤女”中，曾写到牙婆做媒的事情：江州德化县令石璧，因失火烧掉官粮而被收狱监死，丢下女儿月香和养娘，被“牙婆官卖，取价偿官”。贾昌因蒙受石璧活命之恩而买下月香和养娘，并恩加护养。但其老婆却妒意大发，后趁贾昌经商外出之机而找张牙婆“官私做媒”，将月香卖于县太尹钟离义家作陪嫁，又把养娘嫁给自己的外甥。当初贾家买养娘时花了30两银子，张牙婆讨价还价说：“连这小娘子的媒礼在内，让我10两罢”，然后便“一手交钱，一手交货”。（图14）这说明，牙婆一方面是官方的人口贩子，另一方面则是帮人讨妻买妾的媒人，是所谓正统媒妁的一种变体。

图14　帮人讨妻买妾的张牙婆在与贾婆讨价还价

（选自《醒世恒言·两县令竞议婚孤女》连环画集）

牵头，本意即是为撮合男女而牵线搭头，是从媒妁的职责上引发出来的对媒人的一种称号，但在现实中多指为不合礼教的男女牵线的人。如《西厢记》中的老夫人认为红娘是张生和莺莺的“牵头”。《水浒传》中乔郓哥骂安排西门庆和潘金莲勾搭成奸的王婆为“牵头的老狗，直什么屁！”说明牵头绝不是名正言顺的媒人。

马泊六的本意虽有不同说法，但专指“不正当男女关系的撮合人”① 则是一致的。《金瓶梅》第二回王婆对西门庆自报家门说：“老身……迎头儿跟着人说媒，次后揽人家些衣服卖，又与人家抱腰，收小的，闲常也会做牵头，做马泊六。”在王婆所数种种行当中，马泊六排在最后，与媒婆相差很远。但实际上，《水浒传》、《金瓶梅》、《石头记》、《张协状元》等古籍所言马泊六皆是为通奸男女牵线的恶媒婆。可见马泊六并非是对媒人的一种泛称，而是对不知廉耻的恶媒婆的贬称，其贬义甚至比牙婆、牵头等称号更为强烈，同样是所谓正统媒婆的一种变体。

这些对于媒人的贬称，从另一个侧面说明，见钱眼开的

---

① 龙潜庵：《宋元语言词典》。

媒人，已经丧失了最起码的做人道德，成为变质的媒人，从而也导致了媒人在人们心目中的形象低劣。此类媒人本身即是罪恶的封建婚姻制度所派生的社会毒瘤，其对男女青年婚配所造成的不仅是无情的撮合，而且是罪恶性的欺骗、压榨和剥夺。对此，布依族中流行的《骂媒歌》深刻揭露道：

媒婆是个油嘴猫，东家舔油西家叨。
甜言蜜语两头骗，沟里放牛两边捞。
管你牡丹配漆树，管你蜜梨配花椒。
一心只为捞钱财，三寸舌头任随摇。
只要钱财捞到手，管你婚姻歹和好。
只要吃饱喝得足，管你牙齿咬舌条。
相爱情侣被拆散，油猫得利乐逍遥。
媒婆是个油嘴猫，不遭雷劈遭火烧。①

（二）能否建造起“七级浮屠”

“浮屠”，为佛的音译，佛塔音译的误译。七级浮屠，指的是七级佛塔。伴随着佛教在我国的逐渐流行，善男信女皆

① 吴存浩：《中国婚俗》，山东人民出版社，1986年，第91—92页。

以舍财捐款于佛事而为荣，认为这是积功德的善行。而男女婚姻是人生大事，关系到人类繁衍，万物化生，因而促成男女婚配同样被视为是积功德的善行，结果导致了俗语“成人之美，胜造七级浮屠”的产生。

促成男女婚配，果真能胜造七级浮屠吗？

很显然，从抱着“成人之美”的心愿出发，心地无私地去促成有情男女之间的结合，无疑是一种美德和善行，因而能得到人们的交口称赞。

《醒世恒言》卷14“闹樊楼多情周胜仙”中的王婆，就是这样一位心地善良、真诚帮助钟情男女结合的媒人。这个媒人也是个多面手，被唤作“王百会”，“与人收生，做针线，做媒人，又会与人看脉，知人病轻重”。故事中的男女主人公范二郎和周胜仙，一见钟情，苦于无法结合而相思成疾，以至于卧床不起。王婆进出周范两家，凭她丰富的生活阅历和一定的看病知识，断定这对痴情男女得的是相思病。于是，从看病而做媒，以做媒而治病，利用说合做媒的方式把这对痴情男女的病治好了。这段故事，不仅说明了王婆的心地善良和帮助有情人的真诚，而且说明了在某些特殊情况下，媒人反倒成为有情人唯一可以依赖的力量。

心中存有成人之美愿望的媒人，之所以可能成为有情人依赖的力量，关键在于被封建法律视为合法的明媒正娶婚姻，可以与同样被封建法律视为合法的父母包办婚姻进行一定程度的抗争。于是，有情人便运用“媒妁之言”与“父母之命”对抗，以求争取一点可怜的爱的权利。

《拍案惊奇》“通闺闼坚心灯火，闹囹圄捷报旗铃”，描写的便是以“媒妁之言”战胜“父母之命”而求得结合的故事。在这个故事中，尽管媒人杨老妈也曾收下钟情男女张幼谦和罗惜惜的一两脚步钱和两只金耳环，但她还不是那类贪得无厌的恶媒婆，而是一个乐于成人之美的热心人。(图 15）张幼谦和罗惜惜同年同月同日生，小时一起读书，青梅竹马，两小无猜，逐渐产生了爱情。后来，张家托隔壁杨老妈为煤，前去罗家提亲。罗家嫌张家贫穷，以要张幼谦科举及第做官之后、才肯把女儿嫁给他为托词，妄图敷衍张家。后来，当地巨富辛家央媒向罗家求聘，罗家应允辛家。这对于痴情的张幼谦和罗惜惜无疑是个沉重的打击。在杨老妈的热心帮助下，一对钟情男女欢聚罗家深闺，各诉衷肠。但日子一长，被罗家察觉而告官。在县衙大堂上，张幼谦诉说了两人相爱的衷肠，以曾“央媒求聘”而反诉罗家许婚又毁约。而主持审

图 15　收人“脚步钱”又乐成人之美的媒人杨老妈

（选自《初刻拍案惊奇·幼谦中举结良缘》连环画）

判的县宰也“有心要周全他”，最后终于以张幼谦与罗惜惜的完美结合而告终。

这的确是一个喜剧。但喜剧的关键即在于“央媒求聘”上，而且这个媒人又是一个真心成人之美的杨老妈。如果，没有热心的杨老妈，没有“央媒求聘”这个封建婚姻缔结中不可缺少的法定程序，那么，钟情张幼谦和罗惜惜的私合就可能被判为淫乱奸情罪，县宰也不可能让辛家放弃罗家亲事，更否定不了“父母之命”的神圣性，而张幼谦和罗惜惜恐怕或相思终生，或殉情而亡，喜剧也就变成了悲剧了。

张幼谦和罗惜惜的确是“匪媒不得”观念盛行时代的一对幸运儿，其幸运即幸运在“媒妁之言”战胜了“父母之命”上。就“媒妁之言”与“父母之命”的本质而言，两者是一致的，都是封建家长制的产物，是作为人性的对立物和扼杀爱情、维护宗法制的有力法定武器而存在的。这样，“在整个古代，婚姻的缔结是由父母包办、当事人则安心顺从”① 为根本特征，以父母包办、媒人周旋为习惯化、制度化、法律化程序的。这其中，“父母之命”是封建婚姻缔结的核心和基础，而“媒妁之言”则是“父母之命”的发挥和延伸，是为完成“父母之命”而卖力的帮凶。但是，在某些特殊情况下，两者都可能违背自己的本来面貌，或者出现保护爱情的“父母之命”和“媒妁之言”的一致，或者出现保护爱情的“媒妁之言”与扼杀爱情的“父母之命”的对抗。因此，才有类似《醒世恒言》中的王婆与《拍案惊奇》中的杨老妈那样的热心媒人的问世，也才在爱情被冰封的时代中产生了类似张幼谦和罗惜惜那样的幸运儿。

① 《马克思恩格斯选集》第4卷，第72页。

这样，在“匪媒不得”的时代，如果能有为儿女爱情着想的“父母之命”的出现，那么，“媒妁之言”自然能以男女爱情保护神的面貌出现了。在《二刻拍案传奇》中，有一个“李将军错认舅，刘氏女诡从夫”的故事。其中说，刘翠翠与金宝自小相爱，后来刘翠翠的父母要将女儿许聘人家，但凡有人前来提亲，翠翠即关门啼哭，茶饭不思，表示即使死，也要嫁给金宝。父母起初嫌金宝家穷，后见女儿坚决，害怕违了女儿的心而闹出人命来，只得托媒为女儿说亲。媒人开始也觉得两家门户不般配，但见刘翠翠母亲痛女心切，自然一改过去说媒的老套路而欣然前往，结果使一对钟情人儿“各称心怀”。在此故事中，无论是“父母之命”，还是“媒妁之言”，都屈意相从了爱情的恒心，父母和媒人在婚姻缔结过程中，都违背了自己的独立意志而完全地成为有情人的旨意执行者，变成了那个时代合法婚姻的不自愿的表决人，从而成全了又一对爱情被冰封时代中的幸运儿。

但是，值得深思的是，在那爱情和婚姻被完全隔离的时代，如此幸运儿又能有多少呢？在古代，婚姻缔结裁决的大权完全被父母所操纵，“取妻如之何，必告父母”（《诗经·齐风·南山》），“嫁娶皆由祖父母、父母主婚，祖父母、父母俱无者，从亲主婚。其夫亡携女适人者，其女从母主婚”（《大明律·户律·婚姻》）。因此，婚姻缔结的裁决者首由父母，且父母并存，则父先于母，儿女只能绝对唯命是从，任“父母之命”安排。即使像贾宝玉那样在家庭中有着特殊地位、并有反抗封建礼教精神和自由思想的“混世魔王”，也无法逃脱包办婚姻的天罗地网。

在这种状况下，纵然有《醒世恒言》中真诚帮助范二郎和周胜仙痴情男女结合的媒人王婆，其结局也大都是“媒妁之言”被“父母之命”所打败，最终以悲剧而告终。虽然，王婆从看病而做媒，从做媒而治病，把一对痴情男女的相思病治好了，使他们重新燃起了生活的希望之火，从不可自拔的痛苦中解脱了出来，但是，周胜仙的父亲周大郎一个不同意，则把成人之美的王婆推到了无关紧要的地步，而把女儿周胜仙送上了绝路。当周大郎听着女儿在妻子的主持下许嫁范二郎，便嫌范家是个开酒店的，不禁大怒，于是大骂其妻，结果导致了周胜仙气绝在地。周大郎不但不救，反而骂女儿是辱门败户的小贱人，“死便教他死”，直至害了周胜仙的性命。（《醒世恒言》卷 14）这表明，即使媒人想成人之美，但本来即从属于“父母之命”的“媒妁之言”，要想战胜体现那个时代家长制绝对尊严的“父母之命”，实在是太困难了。

在与“父母之命”的抗衡中，成人之美的“媒妁之言”要想战胜“父母之命”，必须借助外力的作用。固然，中国的传统社会是一个父家长制社会，但这仅是中国古代社会的基础，而父家长制的进一步延伸和扩大，则导致了家天下式强大中央集权国家的形成。在这样的国度里，构成社会的主要关系是君君、臣臣、父父、子子之间的关系，社会的控制模式不仅“父母之命”不可违，而且君命更不可违，代表君命和被称为“百姓父母官”的臣命亦不可违。于是，在中国的古代社会中，形成的习惯心理和社会氛围便是：唯父命是从，唯官命是从，唯君命是从，子听父言，父听官令，官听君命。这样，在婚姻缔结中，成人之美的“媒妁之言”要想战胜包办婚姻的“父母之命”，便有了一点可怜的外力可以借助。

因此，那些有着一点良心的官员，便可能在某些特定的条件下成为撮合钟情男女结合的“青天”，变成了成人之美的媒人的支持者和“父母之命”的否定者。上述《拍案惊奇》所谈支持有情人终成眷属的杨老妈，不仅遇到了一个“有心要周全他”的县宰，而且还有一个出面劝辛家情愿休罗家这门亲事的太守。若没有这两位官员的支持，恐怕杨老妈成人之美的心再诚，张幼谦和罗惜惜也早已被判为奸情罪而遭到发落了。

在这方面，人们所熟悉的艺术形象乔太守，倒是一位尊重当事人意愿，排除种种阻挠，可谓是成人之美的“青天月老”的代表。由于几对青年男女的婚姻纠葛，原为儿女亲家的刘、孙、裴三家变成了冤家，什么“父母之命，媒妁之言”，都无法理清其中的疙瘩，不得不把冤状告到乔太守堂前。乔太守不愧为“风流太守”。他以风流的态度，快刀斩乱麻，轻轻松松地成全了风流韵事。虽然，他的做法近似荒唐，是鸳鸯错配、乱点，他的说法也近似荒唐，为“人虽兑换，十六两原是一斤”，把两对未婚夫妻互相兑换，但是，乔太守看重的则是当事男女自己的感情和双方品貌的般配。于是，情感“真恳”的玉郎同慧娘“相悦成婚”。他们的结合虽不符合封建婚姻规则和礼教，但乔太守认为应当“权宜”一下，“成全”他们，从而在判词中写道：“以爱及爱，伊父母自作冰人；非亲是亲，我官府权为月老。”因此，小说借百姓之口称赞乔太守：“好个行方便的太守”，“乔公不枉叫青天”。（《醒世恒言》卷8“乔太守乱点鸳鸯谱”）固然，乔太守的乱点、错配，是顺乎情理、合乎人心的巧点、善配，这位“青天月老”

也有一副成人之美的热心肠，并且也以官威公然否定了旧有的“父母之命，媒妁之言”，但是，古往今来，社会现实中这样事例恐怕实在太罕见了。(图 16)

图 16　“风流太守”乔“青天”在乱点鸳鸯谱

(选自《醒世恒言·乔太守乱点鸳鸯谱》连环画)

如此看来，在男女有别、授受不亲的过去，男女青年被禁锢在各自的天地里，连柏拉图式的精神恋爱都不可能发生，因而钟情男女的产生本来就少得可怜。即使如此，那些钟情者也因为“父母之命”的威严和“媒妁之言”的欺诈而大多被拆散。最后，剩下罕见的一两对钟情男女，虽遇到热心媒人的作伐，且必须在具备父母尚能通情达理，或有能改变“父母之命”等外力推动，方能达到有情人终成眷属的心愿。

成人之美，胜造七级浮屠，难啊！难于上青天！

（三）红娘圣洁之歌

红娘，原为唐人元稹所著传奇小说《莺莺传》中的一位婢女。后经金代董解元和元代王实甫编写为诸宫调和杂剧，流传极广。尤其是王实甫的《西厢记》，不仅将红娘的形象塑造得更为鲜明深刻，而且使整个故事情节更加完美无瑕。因此，《西厢记》一问世，红娘这个形象便得到了社会的肯定和爱戴，以致变成了善媒人的代名词而流传至今。

清人李渔曾感伤：“绿波惯会作红娘，不见御沟流出墨痕香。”（李渔：《十二楼·合影楼》）小说中的林黛玉也曾唉怨：“良辰美景奈何天，纱窗也没有红娘报。”（《红楼梦》第44回）当今，甚至对某些为企事业单位联络奔走者也被送以红娘雅号。这实际的人和艺术的人、古人与今人，都如此喜欢为他人作伐的红娘，其根本的原因，即在于红娘弹奏了一曲媒人的圣洁之歌，是为有情人自由婚姻牵线搭桥媒人的典范，代表了正义，弘扬了美德。

红娘得以产生的土壤，即在于中国的老百姓有着乐助他人的美德和小人物敢于挑战传统的精神。成人之美，多行方便，是中国老百姓的一种传统美德。这种美德也使一些媒人具有了菩萨般的心肠。对此，某些文艺作品中的媒婆自我表白道："媒婆终日脚奔波，成就人间好事多。这家是我，那家也是我，也不为家贫没奈何"；"钧命敢迟延，这姻缘，非偶然，匪媒弗克成姻眷，调和两边并无一言，人间第一要行方便。"（施惠：《幽闺记》第35出"招赘仙郎"）但是，仅凭一副成人之美的菩萨心肠还不能成为一个真正的善媒。要做一个善媒，在各种恶势力横行的封建婚姻时代，还必须有一种敢于向传统势力挑战的大无畏精神。红娘之歌之所以圣洁，即在于此。

在红娘的身上，有着一般媒人的机灵和聪敏，但没有普通媒人身上所散发出的铜臭。红娘是一位热心姑娘，当她得知张生与崔莺莺互相钟情后，便采取了同情和支持的立场，想方设法玉成其事。红娘虽为奴婢，却丝毫没有卑下的私心。张生求她传简，许她以金帛为酬，红娘立刻回以颜色，表明自己纯粹是出于正义和同情，而并非是为贪图钱财报酬的心迹：

哎，你个挽弓酸徕没意儿，卖弄你有家私，我图你东西来到此？把你做先生的钱物，与红娘为赏赐，我果然爱你的金资？

你看人似桃李春风墙外枝，卖笑倚门儿。我虽是女孩儿有志气。你只合道：“可怜见小子，只身独自！”恁的呵颠倒有个寻思。

——王实甫：《西厢记》“胜葫芦”、“幺篇”

红娘这种毫无自私自利之心的可贵品质，与民间一般媒人图吃图喝图人钱财的贪婪铜臭形成鲜明的对照，为其崇高形象的树立奠定了坚实的基础。(图 17)

图 17　莺莺对红怨恨夫人

(选自明弘治十一年北京书肆岳家重刻本《西厢记》)

正是基于这种毫无私利的崇高精神境界，红娘才有那种可爱的聪明机灵和为他人好事奔走的一副热心肠。她熟知张生、莺莺和老夫人的性格和脾气，能够应付自如地处理各种矛盾。她深知莺莺自尊心强、假意儿多，尽管有时对小姐也不满，但从不直接揭露以防伤了莺莺的自尊心，而是因势利导，循循善诱。她看重张生的真诚和才华，同情其痴情，但也善意地嘲讽张生的书生气和弱点，积极地为其出谋划策。她了解老夫人一向自我标榜治家严肃的脾气，但也有着怕自家吃亏、怕吃官司的心理弱点。加之，红娘一心要为玉成张生与崔莺莺婚事的热心奔走，使之成为一个最为光彩夺目的人物。

作为成人之美的红娘，最为可贵之处是她的斗争精神。由于身份和性格的不同，使本来相互倚扶的莺莺和红娘之间却产生了不少矛盾。红娘悉心帮助的莺莺，对红娘既要利用，又要防备，既把她当成争取自由婚姻的媒介和阶梯，又把她当作到达爱情圣殿的障碍和泥淖，因而使红娘蒙受了众多的委屈。莺莺的假意儿虽然使她着恼，但并不因此而减弱她那关怀别人的热情。如此受委屈而一心玉成他人，红娘形象可谓光彩耀人。

更难能可贵的是，面对气势汹汹的老夫人的拷打和逼问，红娘虽然跪在主子面前却毫无半点奴性，闪烁在红娘身上的尽是反抗封建礼教的光辉。正是因为如此，《西厢记》“拷红”才成为最值得注意的戏眼。如果说，红娘在“拷红”之前所充当的仅是为撮合钟情男女而往来的媒使，那么在此折中她则成为直接面对封建礼教的代表者，成为封建叛逆者的保护神了。虽然，老夫人手中的棍子终于打在了红娘的身上，但她仍然据理而争。她承认自己背着老夫人和小姐曾去看过病中的张生，借张生的口指责老夫人许婚又赖婚，把莺莺与张生的私会起因推到了老夫人的赖婚上，将他们两人的自由结合说成是“一双心意两相投”的情愿，而且“至今月余只是一处宿”，申明“非是张生、小姐之罪，乃夫人过也”。接着便向老夫人大讲道理，指出“人若无信，不知其可也”，而你老夫人许婚又悔婚，居然失信于人；“既然不肯成其事”，就应当打发走张生，而你老夫人却让“怨女旷夫，各相早晚窥视”，岂不是失策？最后晓之以利害，若不息事宁人，若至官司，既辱没相国家门，又落个治家不严的罪名，到底还是自己吃亏，何况张生与小姐十分相配，不如成全了他们为上策。一席话说得老夫人不得不承认：“这小贱人也道得是。”一个奴婢，竟敢在主子面前说三道四，并且最终使主人败下阵来，这确实需有超人的勇气和胆量，绝不是一般媒人所能做得到

的。(图 18)

可以说，类似红娘所具有的高尚无私的助人为乐品格、委屈负重的坦荡宽广胸怀、是非分明的正气浩然、抗争礼教的叛逆精神、聪明机智的应变能力，以及同情、理解和尊重、支持钟情男女的恒心，是一个善媒人应具备的主要品质。若无此，则是万万当不了一个善媒人的。这是红娘形象之所以具有无比生命力和影响力的根本，也是人们评价一个媒人优劣的主要标准所在。

红娘圣洁之歌，弹奏出为钟情男女牵线搭桥的美好神韵，确实不愧为成人之美的不朽神曲。

但是，这样的红娘在人世间又能有多少？红娘圣洁之歌又向何处寻呢？

图 18《西厢记》条屏。

原版为山东潍县所刻年画，清中叶作品。由右至左分别画了张生遇莺莺、乘夜逾花墙、拷打红娘和长亭送别 4 个重要情节。

乔太守作为“青天月老”，乱点鸳鸯谱而成全了玉郎和慧娘的美满姻缘，但他也仅是因为自己是太守而敢“乱点”，并且“乱点”了还能生效。如果，乔太守也像红娘一样是个卑微者，那么，他就未必有权可以“乱点”，而且“乱点”了也未必就能生效。

《拍案惊奇》中的杨老妈是个“有心要周全”张幼谦与罗惜惜美满结合的热心的小人物，但是，这个杨老妈不仅拿了这对钟情男女的酬谢，而且最终借助县宰和太守的力量才达到了“周全”这对钟情男女的目的。相形之下，红娘作为一个奴婢，视酬谢如粪土，不索酬金不见官，凭着自己的胆略和才能，逼迫代表封建礼教的主子认错，在张生和崔莺莺的自由婚姻中立了大功，其形象的崇高自然不可同日而语。

《醒世恒言》中真诚帮助范二郎和周胜仙这对痴情男女结合的王婆，虽然也是个不要钱财不见官府的小人物，但是，她的“媒妁之言”并没有最终战胜“父母之命”，而只能借助灵魂不死的传统观念，使两者在梦境中结为恩爱夫妻。与之相比，红娘的所作所为，全然没有一点宗教迷信气息，闪耀的全是为钟情男女结合而实实在在的苦斗。在那个时代，红娘即挣脱了命定姻缘的镣铐，不能不令人敬仰。

不过，圣洁的红娘之歌也有其令人凄凉之处。作为媒人，红娘无疑是称职的、高尚的。但是，媒人也是人，也有七情六欲，悲欢苦恼，可是，谁又去关心过她的苦恼呢？在《西厢记》中，光彩夺目的红娘精心导演着别人的婚姻大事，而她自己的情感则被别人忽视了。固然，在“拷红”之前，红娘也曾扪心自问，表明她“为小姐的事情经常担惊受怕，此时又要代小姐挨打受罚，图甚么来”的心迹，但是，又有谁去抚慰她那颗受委屈的心？如此看来，在形形色色的媒人之中，不仅远非能言快语、贪贿好利和成人之美、多行方便等特征所能概括得了，而且做媒人者也有自己的难处。

媒人的烦恼可有多种。有的为他人做媒并非出自本愿，只是迫于各种压力而不得不充当媒人的。元杂剧《鸳鸯被》中有一个刘道姑，就是因为自己曾做过李府尹向刘员外借钱的保人，李府尹还不上债，刘员外威胁她要去告官，才只好“将着这羞脸儿揣到怀里”，去李府尹家为刘员外说媒，将李家女儿嫁予刘员外为妻抵债的。

有的媒人虽出自所愿，但同样也有难处。《清稗类钞·婚姻类》中记载的冰人赵某即是一例。赵某是吴江金文简父亲的老友，于是自告奋勇做媒，将徐素封的女儿许嫁金文简。

但是，完婚之日，金家已高朋满座，赵某去徐家纳币，徐家却以金家贫穷为由而悔约。对此，金家惭愧至极，质问媒人赵某：“您做媒人，而事情闹到这般田地，怎样才能不被人耻笑?”万般无奈之中，赵某才说：“我与你是老友了，我的女儿和你的儿子年龄相近，就以我的女儿与你家缔结良缘，何如?”如此，才使金文简能按期举行婚礼。固然，这个故事宣扬了媒人赵某的义气，但是，这却是以自己的女儿以及婚姻当事人仍无个人意志可言为代价的。

即使那些以说媒为职业的媒婆，也有难言的苦衷。固然，她们确曾制造过众多的不幸婚姻，但是，她们自己也并非没有烦恼。元代高明所写《琵琶记》中有个张媒婆。牛丞相奉旨招新科状元蔡伯喈为婿，托张媒婆前去提亲。不想蔡伯喈已有妻室，坚不从命，而牛丞相则逼着张媒婆再去说媒，结果弄得张媒婆两头奔跑，出力不讨好。对此，张媒婆自我解嘲地说：“终日走千遭，走得脚无毛……我做媒婆老了，不曾见这般好笑。叵耐一个秀才，老婆与他不要。别人见媒欢喜，他倒和我寻闹。相公不肯干休，只管在家焦躁。把媒婆放在中间，旋得七颠八倒。走得鞋穿袜绽，说得唇干口燥。”这段独白极形象地道出了做媒人的难处，说明媒人被夹在双方

“父母之命”与婚姻当事人四者之间的位置上，有时会陷入异常尴尬的境地。

成人之美的红娘之歌是圣洁的。但被置于各种矛盾冲突焦点上的红娘是难做的。红娘圣洁之歌哟，无怪乎在现实人生中是那样令人难以听到。

四　媒人手中的砝码

罗马神话中的爱神丘比特，手中有两支箭。传说，他常携带着弓箭在空中飞行，谁中了他的金箭就会产生爱情，谁中了他手中的铅箭就要失去爱情。如此看来，爱神丘比特手中的箭可谓法力无穷。

与此相类同的是，俗语也曾说“天上无云不下雨，地上无媒不成亲”，媒人也似乎主宰着人世间婚姻的缔结。那么，媒人手中的秘密武器又是什么呢？难道真的如同传说中的月下老人那样，手中也有根法力无边的红丝绳？

月老手中的红丝绳是人为虚构的、虚无缥缈的，而媒人手中的砝码却是实实在在的、沉甸甸的。在那个婚姻的黑暗时代里，婚姻缔结的一切措施和依据，都在向“父母之命，媒妁之言”倾斜。媒妁凭借着其手中那些沉甸甸的、令人窒息的砝码，炮制出一对对镣铐下的婚姻，酿造出一代代痛苦家庭的劣酒，把永不休止的恩恩怨怨灌满了婚姻史的长河，至今都让人感到愤懑、痛心和后怕。

（一）背时媒人：世上最优秀的骗子

俗话说："媒人的口，没量斗"；"媒人好口才，死人说活人"；"媒人没口才，坐官掉了印"；"不把死人说活，莫做媒婆"；"媒人空空两只手，嘴一张口就有酒"。如此俗语，不胜枚举。可见通常所说的媒人的第一个显著特征，即是有着伶牙俐齿的嘴，装着一颗骗男骗女的心。这便是媒人手中为人说亲的第一个砝码。

媒人的嘴之所以如此厉害，这是由于媒人所处的特殊历史地位所决定的。从媒人所产生的历史前提看，媒人是父权制的衍生物，是代表着父权制的意图，将生活在女方的姑娘说到男方来为妻的。因此，媒人作为说客，必然要尽力地维护男方的利益。这样，媒人便被置于了男女双方父母之间、当事人男女之间，以及媒人与男方父母、女方父母、小伙和姑娘等多种矛盾的焦点上，成为协调男女双方及其"父母之命"之间各种矛盾的唯一撮合人。这其中，不仅要使双方"父母之命"达成一致，而且还要实现人与财礼的交易，完成爱情与婚姻的分割及婚后双方的基本满意，媒人的任务可谓艰巨。因此，要想以一人之口应付众人之心的刁难，以一人之力扭合众人之力的分离，如果媒人是个笨嘴拙舌者，那是绝对不可能完成牵线搭桥任务的。由此可以断定，不仅使媒人自问世那时起，即以伶牙俐齿、巧言善辩的面貌出现，而且使这种特征不断得到了继承和发扬，从而使后世担当媒人者都必须有着超常的口才。

我国一些婚前可以自由恋爱、订婚仅是走过场形式的少数民族的媒人，似乎可以作为远古时代媒人诞生之际的代表。例如，生活在云南思茅、临沧地区的拉祜族，男女青年的恋爱和婚姻都是比较自由的。心心相印的一对青年男女私定终生后，便各自回家告诉父母，男方即请媒人前去求婚。求婚时，媒人要带去一对蜂蜡、一瓶酒和茶等作为礼物，要受到女家所出难题的考验。当媒人讲清来意后，女家会说：“我家没有青菜萝卜籽，我家青菜萝卜籽还不熟，要讨就到寨子边。”按照女家主人的吩咐，媒人转到寨子边又回来，再次表明求婚诚意。女家还是不应口，又以自家“青菜萝卜苗苗小，青菜萝卜籽还不熟”为借口，把媒人赶出门。如此三番五次，直至女家说出“我家青菜萝卜籽已熟透，我家小女愿到他家门”之后，才算完成了求亲的使命。① 而有的拉祜族“戈戛”（拉祜语音译，意为媒人）求婚说得更为含蓄。媒人说：“我是受人之托来你家分养一个小仔母鸡做种的。”女家道：“我家有是有，不过隔不得娘”；媒人又说：“不要紧，我们会很好喂养她。”女家又说：“如果你家也有小公鸡要配的话，还是我家先喂养三个月吧。”② 这个意思是说，要实行男方先上门 3 年，实质是要实行男子赴女家劳动 3 年来支付妻子身价的服役婚。如此媒人富有比喻性的能说会道，充分显示了早期媒人即具有巧言巧语的特征。

在婚前男女青年有着恋爱自由的少数民族婚姻缔结中，媒人的作用似乎与汉族“匪媒不得”的包办婚有着一点性质的不同。这样的媒人一般都是有着较高威望的人，但共同的特点则是都能说会道，其作用也主要不在于牵线拉亲，而是为钟情男女商量结婚事宜，完成从订婚到结婚的手续等。阿昌族的媒人应是附近村寨中有威望、有知识和能说会道的人，求婚时代表男方，说尽吉利话，向女家求婚：“你家生在佛祖的好时代，生下的姑娘惹人爱。今天来把你家的姑娘求，接

① 吴存浩：《中国婚俗》，山东人民出版社，1986 年版，第 228 页。

② 李扎约：《拉祜族的恋爱与婚姻》，《民间文学》，1981 年第 10 期。

回家去做个好帮手。你家的姑娘好漂亮，好像金菠萝蜜树一样，不管栽到哪里，都会在哪里生长。今天当着老老少少的面，求二位老人赏个脸，把女儿送到我们村寨，我们的寨子也会放光彩。好东西在那儿生了根，坏东西便远远离开。他们要是成了家，好日子马上就会到来。姑娘和小伙白头偕老，儿子满家，孙子满寨，两边的老人就清吉平安，欢乐愉快。”如果女方父母答应亲事，举行“抬锅盖”仪式，即男女双方老人互敬锅盖里的食物、后敬媒人食物的仪式之后，便算正式订婚了。①

而畲族的媒人被称为“亲家伯”或“行郎”，不仅是很有威望的老年人，而且要有好“肚才”，能唱一口好山歌。按惯例，“亲家伯”既是男方选派的歌手，也是婚礼仪程中的全权代表，担负着完成订婚手续、商量结婚事宜、送糯米给女家酿结婚酒、婚礼举行时接新娘和娶亲时与女家方面的歌手对歌等任务，如果亲家伯的歌子唱得不美，就会遭到女方妇女们的奚落，甚至让他拉犁做牛，连夜把他赶出村寨，另请高明来娶亲。如果亲家伯的歌子唱得绝妙，妇女们不但不为难，

---

① 吴存浩：《中国婚俗》，山东人民出版社，1986年版，第342页。

还会以重礼相待，陪伴对歌连续两夜。① 如此亲家伯式的媒人，不仅说明媒人的能言善辩有着历史的传统，而且说明媒人在一夫一妻制诞生之初，即被置于了一种人与财物或其他不等价交换关系的尴尬境地上，因而才得到了既受人尊敬又遭人歧视的矛盾礼遇。

得到人们尊敬的媒人，即在于确实出于成人之美的好心，又为男女婚姻的缔结起到了牵线搭桥的作用。在“男女有别”的传统时代，男女青年被分别禁闭在各自的小天地中，不可能发生过多的感情交流，其间爱情的萌发是异常困难的。因此，社会上大多数婚姻的撮合，必须依赖着媒人的往返奔波和牵线搭桥。即使在一些婚前有着自由恋爱的少数民族地区，由于受汉族“媒妁之言”婚姻风俗的影响和本民族婚姻形态发展水平所决定，同样需要媒人为双方婚姻缔结穿针引线和往来奔波，虽然这样的媒人大都出于成人之美的好心，但同样亦受到既褒又贬的礼遇。例如羌族的“唱媒人”歌唱道：

唱起来呀唱起来，来把媒人唱一番。
假如没有媒人，今天哪有喜酒吃？
你看媒人那双眼睛，

---

①《畲乡“亲家伯”》，《中国妇女》，1982年第11期。

就像鹞子眼睛一样尖。

你看媒人那张嘴巴，

简直是一张说谎的嘴巴。

她启眼一看，看得多么准。

她动嘴一说，说得多么动听。

“雪隆山”（传说中的大雪山）并不见得高，

白岩也不见得矮。

你看她看得多准，你听她说得多好听。①

这到底是在赞颂媒人还是在奚落媒人，实在不好分清。因此，在羌族婚礼中，如果媒人与女方歌手对歌对输了，就要遭到友善的“攻击”，还要被罚酒，求饶后才得到宽恕。这表明，在传统婚姻时代，人们对于媒人的赞许主要侧重于这类人物能够撮合男女的婚配上，至于其作为则另当别论了。

何况，媒人自其诞生之初就处于父权制与母权制斗争的风口浪尖上。因此，在父权制确立以后的漫长历史中，媒人往往因为姑娘出嫁造成女方家庭的损失而受到非理性待遇，变成了母权制向父权制的出气筒。例如，普米族婚礼中的锁

① 朱大录：《羌寨婚礼》，《龙门阵》，1983 年第 1 期。

媒人。普米族的婚姻形态较为复杂，有阿注婚、抢婚和婚后长期不落夫家等习俗。云南兰坪县境内的普米族盛行姑娘出嫁婚俗，婚礼举行中，新娘离开了娘家，但媒人却被女家扣留了，而且被锁在一间屋子里，屋内陪锁着一位女方歌手，屋外由两位姑娘手拿着钥匙守着锁，要进行对歌比赛。如果媒人是行家里手，会这样把门唱开：

我来到珍贵的亲戚家三天三夜，三道门我都开了；这个寨子里的每一家我都做过客，领受了盛情的好酒好肉。到了今天这个吉祥的日子，是把你家姑娘接走的时候了。你家是把我锁不住的。我用海螺钥匙，把东方的海螺锁打开；我用珍珠钥匙，把南方的珍珠锁打开；我用黄铜钥匙，把西方的黄铜锁打开；我用白玉钥匙，把北方的白玉锁打开；我用金子钥匙，把中间的金子锁打开。我打开五把宝锁，要把你家里最好的一朵花采走了。

媒人唱赢，守门姑娘开锁放人，媒人才去追赶迎亲的队伍。而且，在婚礼举行后，媒人还以歌子向男家表白：

我到舅舅家去接姑娘，按礼节敬奉了舅爹和舅妈。叔叔婶婶全问了好，兄弟姐妹的礼也未拉下。我到所有的亲戚家做了客，最后又唱开了宝锁五把。把东方的海螺花，南方的珍珠花，西方的黄铜花，北方的白玉花，中间的金子花，全采到这屋里来，变成了一大蓬团结花。①

普米族媒人在女家和男家先后所唱的两首歌表明，处于男女双方人与财礼不等价交换斗争焦点上的媒人，为了完成男女青年的婚配和人类的繁衍重任，不仅确实把世界上最优美的语言都说尽了，而且从其诞生的早期时代起，即受到了以女家为代表的母权制的种种刁难和挖苦。

伴随着历史的推移，人类对母权制具有全世界失败时代的痛楚似乎忘记了，但是，对于继承了那个时代伶牙俐齿传统的媒人随意撮合男女婚配的种种劣迹却历历在目，疾首痛心。在历史的不断发展中，媒人在男女婚姻缔结中的作用不断得到强化，其作用也由商量结婚事宜、完成从订婚到结婚的手续而发展为牵线拉亲和撮合婚配，并最终完成由现实中的“匪媒不得”到“命定姻缘”和法订婚姻的体现者的过渡。适应着媒人的作用和婚姻缔结中的地位变化，媒人本身所具有的伶牙俐齿的特征也得到了恶性膨胀而变成了连哄带骗，

① 李理：《锁媒人》，《民间文学》，1983年第5期。

信口雌黄。

自战国时代起，人们即对媒人的这种特性厌恶异常。自魏唐以后，媒人夸大其词的风气愈演愈烈。宋人袁宷即指出："古人谓周人恶媒，以其言语反复。给女家，则曰男富，给男家，则曰女美，近世尤甚。给女家，则曰男家不求备礼，且助嫁遣之资，给男家，则厚许其所迁之贿，且虚指数目。若轻信其言而成婚，则责恨见欺，夫妻反目，至于仳离者有之。大抵嫁娶固不可无媒，而媒者之言不可尽信如此，宜谨察于始。"（袁宷：《世范》）至近代，人们还说："一条帕子两边花，背时媒人两面夸。一说婆家有田地，二说婆家是大家。又说男子多聪明，又说女子貌如花。一张嘴巴叽哩咕噜，好似田牛青蠓蟆。无事就在讲空话，啐儿叫女烂牙巴。"① 可见，媒人中所盛行的骗男骗女恶劣风气已是由来已久了。

在过去，媒人撮合男女，连哄带骗，之所以往往成功，一在于媒人本身，二在于男女自身。对此，《初刻拍案惊奇》卷 6 中这样说："话说三姑六婆，最是人家不可与她往来出入。盖是此辈功夫又闲，心计又巧，亦且走过千家万户，见识又

---

① 陈鹏：《中国婚姻史稿》，中华书局，1990 年版，第 322—323 页。

多，路数又熟。不要说有些不正气的妇女，十个着了九个儿，就是一些针缝也没有的，她会千方百计弄出机关，智赛（张）良、（陈）平，辩同（隋）何、（陆）贾，无事诱出有事来。”这就是说，媒人的伶牙俐齿和随机应变，是其看家的本事，其心地的丑恶又是其伶牙俐齿和随机应变看家本事得以充分发挥的根基。而婚姻缔结双方的互不了解和轻信不察，以及对未来婚姻美好的尽情憧憬而缺乏足够的防备心理，则是媒人不负责任地撮合男女婚姻能够成功的外在机制。

媒人心地的丑恶即在于其铜臭气。为了金钱，媒人可以将黑说成白，将白说成黑，专挑着符合婚姻当事者口味的菜喂，最终达到自己的目的。《金瓶梅词话》第 91 回如此形容媒人的嘴：“一个是这里冰人，一个是那头保山。两张口，四十八个牙，这一去，管教说得月里嫦娥寻配偶，巫山神女嫁襄王。”在如此“媒妁之言”下，如果婚姻当事者没有防备之心，其结局不一塌糊涂才怪呢。

《儒林外史》中鲍廷玺与王太太的婚姻悲剧即属此例。鲍廷玺老实勤奋，是戏班老板鲍老太的养子。王太太 21 岁即成为遗孀，家中十分富有，决心嫁个“又要是个官，又要有钱，又要人物齐整，又要上无公婆，下无小叔、姑子”的丈夫。

鲍老太想得到王太太的家产，于是托媒婆沈大脚前去撮合，并答应付“重重的媒钱”。为了这“重重的媒钱”，沈大脚骗人了：“我如今把这做戏子的话藏起不要说，也并不必说他家弄行头，只说他是个举人，不日就要做官，家里又开着字号店，广有田地”，把鲍家说成“足足有千万贯家私”，说鲍廷玺是个“扯得动十个力气的弓，端得起三百斤的制子，好不有力气”的武举，还自我表白：“我从来是一点水一个泡的人，比不得媒人嘴。若扯了一字谎，明日太太访出来，我自己把这两个脸巴子送来给太太掌嘴”。这明明是瞒天过海的谎话，却编造得和真的一样，结果拜堂之后王太太才发现上当受骗，竟被气疯。当家产全部用到治病上后，竟被鲍老太连同鲍廷玺一起赶出了戏班子，成了生活无着的穷光蛋。类似鲍廷玺、王太太这样的婚姻，只因听信了媒人的一张嘴而结成的“恶姻缘”，古往今来，不知有多少。

被称为“背时媒人”者，可谓是世上最优秀的骗子。背时媒人哄瞒欺骗的秘诀和绝招，即在于利用婚姻当事者的互不了解以及对未来美满婚姻的盲目憧憬上。盼有一个理想的意中人终生相伴，这不仅是被禁锢在男女各自天地中的古代青年人的强烈梦想，而且是当代青年人的美好愿望。不过，由于禁锢的压迫，因而古代青年人的梦想便更加强烈，憧憬也更加漫无边际。因此，媒人便利用男女青年人的这种心理，投其所好，将男子说得如何富有、如何人才出众等，将女子说得如何俊秀、如何性情贤惠等，便成为几乎千篇一律的主要谎言。

尽管这种谎言对于婚姻当事者来说好似雾里看花，但雾里看花似乎更有情趣，也更容易上当。因而，急于求成的人一旦不察，则会落入媒人的圈套而悔恨终生。《警世通言》“小夫人金钱赠年少”中的小夫人，即是听信了“调唆织女害想思，引得嫦娥离月宫”的张、李两媒婆的谎言，而嫁给年过六旬、须眉皓然的张员外的。而元杂剧《桃花女》中的桃花女，尽管媒婆把成亲说得天花乱坠，但仍然被其识破，并以激愤的语言揭露了背时媒人的真相：

> 则你这媒人，一个个啜人，口似蜜钵，却只是随风倒舵，索媒钱嫌少争多。女亲家会放水，男亲家点着火，你将那好言语往来收撮，则办得两下里挑唆。你将那半句话搬调做十分事，一尺水翻腾做百丈波，则你那口似悬河。

这就是媒人那无量斗的口哟。无怪乎人们那样痛恨油嘴滑舌的“背时媒人”，以致民间广泛地流传着痛快淋漓的“骂媒调”。甚至，连白族民间都有既是血泪控诉、痛苦呻吟，又是愤怒呐喊的“骂媒歌”：

东家井水说成酒，西家池水说成油。
爹娘生我不生嘴，就你长金口。
你说嫁鸡得嫁鸡，你说嫁狗得嫁狗。
阴间红线你来拴，你是鬼头头。
麦酒哄爹哄不着，砂糖哄妈哄不成，
拉着姨娘拉着叔，又敲我家门。
欺哄你用千般计，软硬你刮八面风。
把我坑死才歇手，心黑到根根。①

（二）媒人挥舞着三把板斧

过去，背时媒人制造了多少人间的婚姻悲剧，谁也说不清。但是，令人深思的是，即使媒人是世界上最优秀的骗子，其所撒的谎言尽管可以把宇宙搅个天昏地暗，不过，谎言总有被揭穿的时候，为什么媒人的哄骗术能骗了一代又一代的

① 吴存浩：《中国婚俗》，山东人民出版社，1986年版，第131—132页。

婚姻当事者，伶牙俐齿的背时媒人也似乎永不绝种而代代即有“才人”出呢？显然，媒人所依赖的并不单单是能言善辩，其手中所挥舞着的肯定还有更深层的秘密武器。

媒人手中所挥舞着的更深层的秘密武器，便是传统婚姻缔结的所谓标准和条件：门户、家世和才貌等。因此，俗语所谓的“门当户对”、“亲上加亲”和“郎才女貌”便成为媒人手中随时都在挥舞的三把板斧。这是那些伐柯人斩伐男女婚姻缔结道路上的各种荆棘，撮合和逼迫其就范的主要说教和理论根据。媒人的弥天大谎便由此而生发出来，一溜烟地撒了起来。

在封建时代，排斥思想感情、个人意愿的“父母之命，媒妁之言”包办婚，表现为联姻方式的强制性，因此，婚姻缔结的标准只能是外在的，而不能是婚姻当事者互相倾慕和钟情这个内在的唯一的标准。这样，门当户对、亲上加亲和郎才女貌等外在标准，便成为封建时代最理想的婚姻缔结依据和首选条件而问世了。从此，媒人手中也就有了可供伐柯的板斧。

在媒人所挥舞的三把板斧中，最根本的是门当户对。所谓门当户对，是指发生婚姻关系的男女双方家庭，在经济实力、社会地位等方面应该基本相当和对等。这不仅是封建时代男女双方父母权衡、安排和确定儿女婚姻大事的砝码和依据，也是“媒妁之言”广为谈论的重要课题，是媒人撮合男女双方联姻的法宝和红丝绳。

婚姻缔结讲究门当户对，是有阶级社会等级制度的体现。早在春秋时代，越国败于吴国，越大夫种行即对吴王说：“愿以金玉子女赂君之辱，请勾践之女女于王，大夫之女女于大夫，士之女女于士。”（《国语·越语》）嫁娶等级之严，由此可窥见一斑。汉代，奴隶制时代的士庶之别似乎已经泯灭，但新崛起的豪族大姓仍自相为婚姻，时人也把与高门的联姻引以为荣。曹魏之际确立九品中正制，选官取士，一任门第，上品无寒士，下品无高门，因而婚姻必讲究门第。自此之后，“高门婚对，必求世胄，寒素之家，虽宠贵一时，亦不得为婚士族。士族婚宦失类，亦每遭排抑”①。萧齐以后，寒族势力上升，不仅天子均出身寒微，即使秉权重臣，亦多出自寒族，而门阀势族日益腐朽，只能依倚门第，因循虚位，不仅政治地位已今非昔比，即使经济势力也每况愈下，有的甚至到了衣食为艰的地步。即使如此，那些执掌重权的寒族仍以通婚

① 陈鹏：《中国婚姻史稿》，第56页，中华书局，1990年版。

旧族为荣，而高门右姓，虽孤贫不能自立，也不屑破格与寒族新贵通婚。陈代，王元规本是太原晋阳大姓，8 岁丧父而孤，家计无着而不得不随母亲去临海依附于舅舅生存。当地豪富刘瑱家财巨万，欲以女嫁王元规而结交旧族，其母也想结这门亲事，但王元规哭着说："姻不失亲，古人所重，岂得苟安异壤，辄婚非类。"（《陈书·儒林传》）北齐时，范阳大姓卢道虞的女儿嫁右卫将军郭琼，郭琼被判死罪，其妻亦被没官，后被赐予寒族官员陈元康，"元康乃弃故妇李氏"。（《北齐书·陈元康传》）为与士族联姻，不仅纳娶罪妇，而且连结发妻子也抛弃了，可见门第在联姻中曾被重视到了何等地步。在此基础之上所形成的婚姻必须讲究门当户对观念，自然成为媒人游说男女双方的法宝。

实际上，在等级森严的封建社会中，媒人撮合男女婚姻也必须遵循门当户对的原则。之所以如此，是在于中国封建社会制度的核心和实质是宗法制、等级制和集权制的结合与统一，社会结构的一个重要特征即是按照不同的经济势力、政治地位划分为不同的等级，各个等级之间相隔着一条不可逾越的鸿沟，社会交往不得互相越雷池一步，婚姻关系的缔结更是如此。这样，不仅在漫长的封建时代中逐渐形成了牢固的婚姻必须讲究门当户对的传统观念，而且在法律上也严格规定不同社会等级的人不得相互通婚。因此，撮合男女婚配的媒人不仅自然而然地被置于了传统观念和势力的支配之下，而且也必须在封建法律的规范之下而打起了为门当户对婚姻关系的缔结而奔忙的招牌。

伟人们曾经说过，对于统治阶级本身，“结婚是一种政治行为，是一种借新的联姻来扩充自己势力的机会。”① 出于对权力、地位、前途和命运的考虑，上自天子，下及百僚，无不对自己及其子女的婚姻予以高度的重视。早在春秋战国时代，诸侯国之间经常互通婚姻，商谈婚姻的“使”不绝于记载。这些“使”，实际上即是政治婚姻的媒人。后世，历代皇帝的选妃立后皆是举国上下政治生活中的大事，能在一定程度和范围内影响局势，尤其是王室的兴替与否。为此，不仅皇族权贵参与定夺，而且连朝臣和封疆大吏也上书参奏。这些皇族权贵和重臣，实际上在某些方面也起到了媒人的作用。至于类似刘邦因雄才大略而被吕公看中，从而将女儿嫁给他为妻；张负以为陈平能大紫大贵，而将孙女嫁给他为妻之类

---

①《马克思恩格斯选集》第4卷，第74页。

的婚姻，同样也不是基于为儿女恩爱情深的考虑，而是将婚姻作为政治和命运的赌注。如此赌注，若经媒人之口加以渲染，癞蛤蟆也能吃天鹅肉，天下将没有成不了的好事。

至于民间平头百姓子女的婚姻缔结，“起决定作用的是家世的利益”①。在家世利益之中，首要的即是双方家庭经济状况是否相对等。因此，自汉代以来，富豪之家多不愿将女儿嫁给贫困人家，而一般殷实之家也不愿娶贫家女子为妻。至魏晋，士庶之别更严，此风气更盛。对此，清人赵翼说：“魏齐之时，婚姻多以财币相尚，盖其始高门与贵族为婚，利其所有，财贿纷遗，其后遂成风俗。”（赵翼：《廿二史札记》）一些家训之类的书籍也在谆谆告诫后人：“娶妇欲不若吾家者，盖言贫女有益，非谓迁就族类，娶卑陋之女以贻祸也。”（《颜氏家训》）五代之后，高门旧族不复存在，嫁娶更加重视对方家庭的经济状况。至宋代，甚至“宗室女当嫁，皆富家大姓以资取，不复事铨择”（《宋史·燕懿王德昭传》）。而富家大姓也不惜出巨资与宗室联姻，因为一旦娶宗室女为媳，可以循例补官，庇荫门户，免除赋役，更可倚托权势，横行乡里。

---

①《马克思恩格斯选集》第4卷，第74页。

至于类似孙德祖“少清约，及致仕，娶富人妻以窥其财”(《宋史·孙德祖传》)、叶嗣立为帅幕，“娶海盐蔡家寡妇常氏，席卷其家财，凌揉其妻子”(《宋会要稿·职官》75之32)那样，实施的则是家庭权势与经济财富之间均等基础上的联姻。如此联姻，被作为两个家族之间相互勾结、攀龙附凤的手段和中介，同时也为媒人作为联姻的经纪人提供了最有力的游说依据。

在男女婚姻关系缔结中，媒人所挥舞的第二把板斧便是“亲上加亲”。亲上加亲，是被以往的人们所宣扬的最为理想的婚姻。这种婚姻当兴起于氏族外婚制向一夫一妻制过渡时期，是两个通婚氏族世代以女子与女子交换的具体体现和历史遗留，至今仍在我国民间流行。对此，汉族民间有的俗语说：“姑表亲，断了根；姨表亲，亲上亲”。壮族的俗语说：“除了青岗木无好柴，除了郎舅无好亲。”佤族的俗语说：“吃肉的碗不能丢掉，喝酒的碗不能碎掉，外甥女不回舅家命不好。”毛南族的俗语说：“穷人姐女嫁弟仔，富人姐仔娶弟女。”在众多先秦文献中，舅姑即为公婆。如《礼记》云：“妇顺者，顺于舅姑，和于室”；“妇将有事，大小必请于舅姑”。在此，“妇”所指为儿媳，而“舅姑”即为公婆。这种语言文字的混淆现象，说明姑舅表婚曾是盛行的一种婚姻形式。

固然，封建时代的法律曾明文禁止同姓为婚，但表亲婚姻却没有受到法律的多大限制，从而导致了表兄弟姐妹之间婚姻的合法存在和表亲婚风俗的流行。这种状况是由于中国同姓父系单亲世系这个封建宗法制特点所决定的。因此，表亲婚即被人们涂上一层温情脉脉的伦理亲属关系的油彩而显得更加光亮耀人。表亲婚的这种特点，自然成为媒人大加张目的重点之一，从而使“亲上加亲”风俗长久流行而不衰。在明清时代，表亲婚普遍盛行，以致出现了类似《红楼梦》中四大家族姻亲代代相传的现象，即使巴金的《家》中反映的也是表兄妹之间爱情的现象。甚至，如此盛行的表兄妹婚，连威严的《大清律》也不得不宣布：“姑舅两姨姊妹为婚者，应从民便”（《大清律例·户律五》“尊卑为婚条”）。如此看来，《大清律》也带有了法不治众的味道了。表亲婚的如此盛行，与媒人极力鼓吹“亲上加亲”，不能不说没有一定的关系。

在封建时代，为撮合男女婚姻，媒人所挥舞的第三把板斧，便是与“门当户对”相联系并作为其辅助的“郎才女貌”。尽管，“郎才女貌”所谈论的是婚姻的当事者，但是，对于郎才女貌的评价者并不是婚姻的当事者，而是决定男女双方婚姻命运的父母和媒妁。因此，这仍然是封建时代婚姻缔结标准的外在性表现，是父母和媒人经常运用的逼迫婚姻当事者就范的一种看来近似合乎情理的说教。

在过去，人们所称颂的良缘佳偶即是才子配佳人。在古典小说和戏剧中，关于才子佳人的婚姻描述，可谓连篇累牍，多得不可胜数。什么状元当驸马，县太爷小姐嫁秀才，元帅千金配将军等等，几乎成为表现“郎才女貌”的典型格式而令人感到生厌。如此格式化的“郎才女貌”，之所以被一代代不厌其烦地渲染着，一个重要的原因即在于被禁锢在各自“牢房”中的婚姻当事人，婚前所终日渴求和憧憬的便是能“配一个如意郎君”和“娶一个绝代娇娘”。固然，这两颗强烈躁动的心可能基于“媒妁之言”而最终心灰意冷，但那美好的憧憬却以一种劣根性而传了一代又一代。于是，媒人也在这样社会氛围中，一代又一代地挥舞着“郎才女貌”的板斧，去勾引着“父母之命”的做出和撮合着互相憧憬着的男女跳进那婚配的陷阱。

媒人经常使用的“郎才女貌”的说教，所反映的是男女不平等的社会关系和双方才貌的对等。这种说教所表明的，是参与社会统治和支撑家庭门面的男子，必须具有一定的才华；而作为社会附庸和男子从属者的女子，是不需有什么才华的，只要长着一副俊俏的脸蛋、能够装饰门面、能给男子欢娱就足够了。因此，在儒生心目中，“女子无才便是德”。正是因为如此，封建礼教才把“妇容”和“妇德”纳入了“女之四行”之中，并且强调“不必颜色美丽”，要“盥浣尘秽，服饰鲜洁，沐浴以时，身不垢辱”；“不必才明绝异”，要“清闲贞静，守节整齐，行己有耻，动静有法”。(班昭：《女诫》)可见，古代社会对女貌的评判标准是洁净、淡雅、大方、端庄、正派。这表明，“郎才女貌”并不单单是一种纯粹的心理要求和审美定向，而且是一种顽固的社会价值观念。正是因为如此，媒人才能在“郎才女貌”上大做文章，把一对对男女推上了爱情与婚姻分离的断头台之上。

媒人所挥动着的三把板斧哟，以门当户对的功利性招牌去划分着男女婚姻的类别和等级，以亲上加亲的温情性面纱去兜售着近亲婚姻的糟粕，以郎才女貌的最佳良缘去诱引着盲目憧憬的男女撞入圈套。这说教、这标准、这媒人所运用的最有效的秘密武器和看家本领，把男女两性间的灵魂、情意、志趣和钟情，都统统地剥夺和扼杀净尽了。于是，美丽动人的爱情之花都无一例外地凋谢了。

五　媒人脸谱种种

古往今来，婚姻无疑是一个令人眼花缭乱的大千世界。且不说各种婚礼的五彩缤纷，单是那参与婚姻关系缔结的男男女女，即足可让人们对其婚姻基础、情感、形式、状况以及所代表的不同阶级、阶层和社会集团等进行一番深思。

而媒人则是依附于不同阶级、阶层和社会集团生活的一个最为复杂的人群。除历史上曾经一度存在过的官媒是职业媒人之外，其他充当媒人者大都兼或为之，各有着不同的身份、职业和生活背景，组成了一个庞大的、混杂的、令人难以分辨的复杂人群。

媒人的脸谱千差万别，让人难以勾画，难以区分，真乃是“剪不断，理还乱”，只得仔仔细细地挑拣，认真地区分。

（一）五花八门的媒人称谓

媒人这个角色，源远流长。伴随着历史的变迁和媒人在婚姻关系缔结中的作用的演变，以及有关媒人的各种典故和传说的增多，有关媒人的称谓也变得五花八门起来。这些有关媒人的五花八门的称谓，不仅充分显示了媒人作为一种历史文化现象的丰富多彩，而且也从另一个侧面为媒人勾画了一个大致的脸谱组合。

粗略数来，历史上有关媒人的称谓不下 20 余种。细分起来，大约有以下几类：

1. 媒、媒妁、行媒、媒人与媒氏、媒互人、官媒等

此类有关媒人的称谓出现较早，是人们对民间为人说合婚姻人和官方婚姻管理者的称呼。其出处大体如下：

媒最早出自我国第一部诗歌总集《诗经》中。《卫风·氓》即曰："匪我愆期，子无良媒。"

媒妁最早见于《孟子》中。《孟子·滕文公下》言："不待父母之命，媒妁之言，钻穴隙相窥，逾墙相从，则父母、国人皆贱之。"

行媒最早见于《楚辞》。《楚辞·离骚》云："苟中情之好修兮，何必用乎行媒。"

媒人最早见于著名古诗《孔雀东南飞》，其中有"阿母白媒人，贫贱有此女，始适还家门"之句。

媒氏最早见于《周礼》中，《地官·媒氏》云：“媒氏掌万民之判”，“令男三十而娶，女二十而嫁”。显然，媒氏为较早的婚姻管理者。

媒互人最早见于《元史》。《元史·吕思诚传》曰：“镇民张复，叔母孀居，且瞽，丐食以活，……思诚怜其贫，令为媒互人以养之。”这里的“媒互人”乃是官媒的代称。

官媒，系区别于民间媒妁的一种媒人。在历史上，官媒的职责除负责婚姻管理外，也兼为达官贵人说亲的责任。官媒因注籍于官而名，其称谓最早见于朱彧《萍洲可谈》：“（宋室）宗女既多，宗正立官媒数十，掌议婚。”

以上所谈这类称谓不仅是人们对媒人的通常性称谓，而且因其本义大都在于“谋合二姓”，从而奠定了其他有关媒人称谓出现的基础。

2. 伐柯人、冰人与冰斧、大冰、大宾和冰等

此类媒人别称来自经典和正史，比直呼媒人显得更为含蓄而典雅，因而多成为文人交谈辞令或笔耕之语。

伐柯人源于《诗经·豳风·伐柯》：“伐柯如何，匪斧不克。取妻如何，匪媒不得。”其意是说，砍伐树木怎么样呢？没有斧子是砍不倒树的；娶妻的事怎么样呢？没有媒人是娶

不成妻的。把婚姻必媒比喻为伐柯必斧，以斧喻媒，以伐柯喻娶妻，因此又称媒人为“伐柯人”。后世则把为人做媒称为“伐柯”、“作伐”和“执柯”等，以示辞章多变和典雅。

冰人之名源于《晋书·索紞传》：晋代有个叫令狐策的人，夜里梦见自己站在冰上，与冰下人说话。索紞为他占梦说：“为阳语阴，媒介事也。当为人媒，冰泮成婚。”不久，太守田豹果真托令狐策为媒给儿子向张嘉贞的女儿求婚，并在仲春之月完婚，印证了他的梦。因此，媒人又被称为“冰人”、“大冰”、“冰”。

至于冰斧和大宾等媒人的别名，则是冰人与其他名词相结合或演化的结果。冰斧之称在于将冰人与《诗经》“伐柯如何，匪斧不克”的合成，从而以“冰斧”作为媒人别名。而大宾则在于古时婚礼代表男方的司仪为宾。“宾”与“冰”同音异字，后世即将媒人称为“大宾”。

此类媒人称谓，在元杂剧中应用较多，近代民间应用也较普遍。

3. 蹇脩、媒娉、媒伯等

此类媒人别称也源于古代较为重要的文献，但在民间是运用较少的几种媒人称谓，仅在一些诗文和文言小说中时有所见。

蹇脩之名出于屈原的《离骚》："解佩纕以结言兮，吾令蹇脩以为理。"王逸《楚词章句》注说："蹇脩，伏羲之臣也。理，分理也，述礼意也。……使古贤蹇脩而为媒理也。"由此，后人将媒人也称作"蹇脩"。

媒娉出自《北史·高允传》。其中说，古代人们成婚，一般都选择德义之家的贞洁贤淑女子为妻，"先之以媒娉，继之以礼物"，即先派媒人去求亲，然后再送去聘礼。娉，通"聘"，义为求亲、订婚。《荀子·富国》云："婚姻娉内，送逆无理。"

媒伯见于《易林·无妄》："东家中女，嫫母最丑，三十无室，媒伯劳苦。"此处"媒伯"当是相对于媒婆而言的男媒人。因男子为媒者较少，故媒伯一词也不流行。

4. 月老与氤氲大使

月老，为"月下老人"和"月下老"的简称，典出唐代李复言的《续幽怪录》中的"定婚店"。说的是韦固所见一位月光下的老人，在用红丝绳为世上男女婚配而拴线，宣扬了命定姻缘的同时，也使月老作为媒人的别称而流传于后世。

氤氲大使见于宋人陶穀笔记小说《清异录》。其中说，有一名叫朱起的青年，暗中爱上了一个叫庞之的姑娘，但却不能相见。郁郁寡欢之时，遇一道人指点迷津："世上男女姻缘，皆由氤氲大使总揽，有缘分男女，须得其鸳鸯牒才能婚配，我当尽力为你求情。"分手时，道人送朱起一把"坤灵扇"，让其以扇遮面与庞之姑娘相见。后来，此法果然灵验。从此，氤氲大使即成为媒人的代称。

此类媒人称谓，显然都带有着宗教迷信色彩。月老与氤氲大使相比较，月老不管男女之间是否为仇人还是远在异地，只管用红丝绳拴了就要结为夫妻，是一位异常霸道的媒妁之神；而氤氲大使还容得"道人"说情，并允许采用一些特殊措施去使爱得寻死觅活的一对男女见上几面，是一位比月老更富人情味的媒妁之神。不过，由于月老之称更加通俗化，加之"父母之命，媒妁之言"也确与月老一样霸道，因而月老作为媒人别称则更加流行。

5. 媒证、保山与撮合山

媒证的本意，当是指媒人及男女婚姻关系缔结过程中的各种契约等凭证。对此，口语中往往称为"三媒六证"。《西游记》第19回写猪八戒被降伏高老庄，孙悟空数落他道："像你强占人家女子，又没个三媒六证，又无些茶红酒礼，该问个真犯斩罪哩!”《红楼梦》第68回写凤姐大闹宁国府，照尤氏脸上啐道：“你尤家的丫头没人要了，偷着只往贾家送!……你就愿意给，也要三媒六证，大家说明，成个体统才是。”三媒六证简称为“媒证”，有时做媒人与婚约凭证解。如元杂剧《东墙记》中写马彬与董秀英相互钟情，已由父母做主订婚，因而当马彬准备遣媒送聘说亲订婚时，梅香说：“俺姐姐念旧盟，想旧情，何须媒证，不用你半星儿绛罗为定。”有时，媒证指的即是媒人。元杂剧《符金锭》中，赵匡义对未许聘人家的符金锭说：“小娘子，小生愿为媒证，许聘他人，可不好哪。”此处媒证，显然是媒人的代称。

保山，取意于交易中的保人，用于婚姻关系的缔结，则形容媒人说成的亲事如同泰山一样稳固可靠，因而媒人的别称又为“保山”。保山见于《三侠五义》第108回中。甘婆药倒女扮男装的凤仙，见其俊美，想招为女婿，求蒋平道：“看这相公，甚是俊美，与女儿年纪相仿，嫂嫂不好启齿，求叔叔作个保山如何?”《红楼梦》第57回，写贾母认为薛蝌与邢岫烟是十分般配的一对，当即命人请过邢夫人来，自己“硬作保山”。事成之后，贾母还开玩笑说自己爱管闲事，“不知得多少谢媒钱”。可见，保山即是指媒人。

撮合山，系由保山引申而来对媒人极其形象的称呼，见于元杂剧《李逵负荆》。其中说，有两个歹徒冒充宋江和鲁智深，硬逼酒家王林的女儿与假宋江成亲，不知真假的李逵为此大闹忠义堂，讥讽鲁智深："走不了你个撮合山师唐三藏"。王实甫的《西厢记》中也载有红娘表白自己心迹的唱词："……只愿你做夫妻无危难，我向这筵席头上整扮，做一个缝了口的撮合山。"意思是说，为了你们早结良缘，我情愿多帮忙，做一个不声张的媒人。

此类媒人别称多出现在元明以来的小说和戏曲之中。在民间口语中，则多是由媒证引申而来的"媒信"，由保山引申而来的"保亲"等。

6. 媒婆与红娘

媒婆，系因魏晋以降媒人多由妇人充当的缘故而得名。在文献资料中，魏晋期间多称"媒媪"（葛洪：《抱朴子》）；隋唐时代称"媒妪"（《韩昌黎集》"试大理评事王君墓志铭"）；宋代习惯称"媒妇"（《青箱杂记》）；元代则呼"媒婆"（元曲：《琵琶记》等）。媪、妪、妇等，皆是过去对妇女带有敬义的通称。相比而言，婆的称法所含感情色彩即带有中性或不恭的成分了。如此称谓的变化，可以看到媒婆在人们心目中的地位呈现了下降的趋势。

相反，源于唐代文人元稹传奇小说《莺莺传》中婢女形象的红娘，当“红娘”一词作为媒人的别称之后，所表达的则是对那些为有情人的自由婚姻牵线搭桥者的尊称，同时也是被追求婚姻自主男女所信赖的媒人。

此外，还有一些对行为不端的媒人的卑称，如牙婆、花博士、牵头、皮条、马泊六、落花媒人等。这些卑称，更反映了人们对那些心怀叵测、非正经媒人的厌恶和反感，表明了媒人确实是一个良莠丛生、鱼龙混杂的复杂群体。

（二）鱼龙混杂的媒人群体

有关媒人的称谓乱七八糟，而组成媒人群体的人员更加纷繁复杂。

这是因为除历史上曾一度存在过的官媒而外，大概其他媒人一般都未把为人提亲说媒作为其固定的职业。因此，人们习惯上即把凡是从事撮合男女婚配的人称为“媒人”。这样，擅长撮合男女婚配者被称之为媒人，仅偶尔撮合男女婚配者也被称之为媒人，从而导致媒人群体几乎囊括了所有的各色人等。

媒人群体的良莠不齐，几乎涉及社会各阶层的根本原因在于成人之美观念的影响。中国为礼仪之邦，乐于助人是中国人的传统美德。因此，在传统心理观念中，“成人之美，胜造七级浮屠”有着较为广泛的市场，人们也大都认为撮合男女婚配是一件成人之美的好事，故而愿做媒人的人也较多。这样，加入媒人行列中的人几乎可以囊括了社会各阶层和集团，使媒人群体形成了一个鱼龙混杂的良莠难辨的庞杂的特殊性社会群体。若将这个鱼龙混杂的特殊社会群体加以分类，可大体有以下几种：

第一类，亲友为媒。

亲友，是指与婚姻当事人有亲属或朋友关系的人作为男女婚配的撮合者。这样的人作为媒人，由于对于婚姻当事人的一方或双方的家庭状况及婚姻关系缔结的背景较为熟悉和了解，因而往往最能够体现“父母之命”及其家族的意志，有的时候甚至能在某种程度上代表婚姻当事人的意愿。鉴于此，人们把以亲友为媒视为提媒说亲的最可信赖的媒妁。对此，民间俗语说：“亲戚朋友做大媒，看着般配才上门。”

以亲友为媒，在过去曾是较为广泛存在过的婚姻缔结形式。清代，“有徐翁者，乾隆时之青浦诸生也。生平无他好，惟喜为人作伐。凡戚友生有儿女者，辄密访时日登于簿，俟其年及冠笄，即白之两家，撮合之。”（《清稗类钞·婚姻类》）这位徐翁，可谓是在亲戚朋友圈子里做媒的热心人。

在我国古代，由于世代“聚族而居”局面的长期存在，青年男女的通婚范围一般较小，从而形成了周围村庄的人们一般都能互相认起亲戚的现象。这种通婚特点，不仅导致了后世男女婚配之间的血缘关系较近，而且决定了以亲友为媒的易于实行和广泛存在。类似徐翁在亲朋儿女之间为媒撮合者，不仅过去，即使当今，在民间仍大有人在。因此，俗语说：“家中闺女出脱成一朵花，招来三姑六姨把亲啦。”

以亲友为媒，在某种程度上可以防止和避免由于“媒妁之言”的虚妄不实而给婚姻当事人造成的不幸和痛苦，对于提高婚姻质量有着一定的作用。宋代著名诗人苏东坡与秦少游是知心好友，苏东坡的妹妹苏小妹是一位聪明伶俐的绝代才女。苏东坡觉得他俩是十分般配的一对，于是亲自做媒玉成了这桩婚事。据说，成婚之日，苏小妹与秦少游互相吟诗作对，想出难题考倒对方，后来民间还有苏小妹三难新郎秦少游的传说。元杂剧《符金锭》，写钟情于符金锭的赵匡义害相思而卧床不起，其姐叫为官节度使的丈夫王朴为媒前去说亲。王朴去时适逢权豪韩松派去的官媒婆也来提亲。官媒婆好话说尽，再三劝说符金锭嫁给韩松会如何大富大贵，而王朴仅说了一句，要符金锭按自己的心意决定自己的婚姻。结果，促使符金锭把彩球抛给了钟情于自己的赵匡义，一对有情人结成了美满姻缘。这表明，做媒的亲友一般都抱有着对婚姻当事人负责的精神，这是以亲友为媒能对婚姻质量的提高有一定作用的主要原因。

在做媒的亲友当中，大多数亲友媒人为婚姻当事人的姑姨婶妗嫂姐表以及世伯叔婶妈等，或是本家族及亲戚中德高望重的人。媒人在亲友中名望和辈分的高低，在中国这个过去异常注重等级尊卑的社会里，不仅意味着传统观念中家族成员对于儿女婚姻的重视程度如何，而且标志着婚姻关系的缔结的稳妥可靠程度怎样。在《红楼梦》第57回中，当贾母得知邢岫烟与薛蝌将要订婚时，便自告奋勇愿做媒人。有贾母为媒，这对于婚姻当事人及两个家族来说，都是极为光彩的事，于是薛姨妈“喜之不尽，回家来忙命写了请帖补送过宁府”。在民间，将有名望的人做媒者称为“大媒”。有大媒撮合，婚姻关系的成功率极高，因而有俗语说：“大媒一到，鸡飞狗跳；大媒做保，白头到老。”

甚至，在以亲友为媒中，有父母亲自做媒为儿女定下终身者。父母为媒，则完全排除了“媒妁之言”的干扰，剩下的则是纯粹的“父母之命”了。固然，这是最完全的父母包办，但儿女的终身大事也可能因父母的意向如何而决定着婚姻的质量。清代沈起凤的笔记小说《谐铎》中，即有一位有眼力的父母为媒者：湖北某县有位青年卢生，人品才华俱佳，但外出投亲不遇而流落街头，只得靠传授武艺而聊以糊口。对此，一位老人大为感叹，便将自己的女儿许配与他。类似这位老人，在为儿女择偶时，不重钱财和地位，而重人品和才华，可谓是明智的父母、令人尊敬的长者。

第二类，师为媒。

我国是一个尊师重教的国度。俗语说：“一日为师，终身为父。”这是学生对老师的带有封建色彩的尊敬。另一方面，“身正为师”和“诲人不倦”则是老师应遵循的职业道德。而且，老师与学生的关系，并不单单在于学生对老师的尊敬和老师对于学生传授知识及培养品德，同时，还在于老师对每个学生的深切了解和熟知。甚至，这种了解和熟知，在某种程度上要超过了父母对于子女的认识和理解。加之，学生在老师的眼皮底下逐渐长大，慢慢进入了追求爱情的青春期。

因此，老师为学生做媒，较之亲友为媒，自然更加有的放矢，所撮合成的婚姻质量一般也较高。

在古代文献中，有一些以师为媒的记载，其婚姻质量也大都较高。据《后汉书·列女传》记载，东汉末年渤海郡有个叫鲍宣的青年，父亲早逝，家境贫寒，已到娶妻年龄，还没有人家肯将女儿嫁给他。虽然家贫，但鲍宣颇有志气，不仅从不肯接受人家馈赠，而且聪明好学，深得其老师桓氏赏识。于是，桓氏自己做媒，将女儿嫁给鲍宣。为使女儿婚后少吃点苦，桓氏为女儿准备了极多嫁妆。成亲那天，鲍宣见有如此多的嫁妆，很不高兴，新娘知道他不愿接受这些嫁妆，于是说："我父亲看中的是你的人品才学，才把我嫁给你的。俗话说嫁出去的女泼出去的水，我既已嫁了你，只有按你的意思办了。"鲍宣觉得妻子十分理解自己，非常高兴，就把众多嫁妆退了回去。这对恩爱夫妻虽清贫，但很幸福。后来，鲍宣官至司隶校尉，不仅证明其老师桓氏果然有眼力，而且表明桓氏对于学生与女儿婚姻负责的态度。这表明，老师对学生的婚事负责与其对学生的学业负责有着某种程度上的一致性，这大概是以师为媒的婚姻质量较高的一个重要原因。

在一些传说中，有以师母为媒者。以师母为媒，是以师为媒的一种延伸和扩大，同样能够对婚姻质量的提高有一定的作用。脍炙人口的越剧《梁山伯与祝英台》，梁祝三载同窗，情意深长，只是梁山伯并不知道祝英台是女扮男装的姑娘。回家前祝英台拜别师母时，向师母说明实情，并以玉扇坠为定情物，托师母为媒，让梁山伯亲自上门求亲。只是由于封建包办婚姻，梁祝的爱情才以悲剧而告终，师母为媒也没有发挥其应有的作用。

第三类，官为媒、君为媒。

以官为媒，是“父母之命”与“媒妁之言”的一种契合与统一。在中国这样一个以父家长制为基础的宗法传统社会里，父为一家长，县令为一县之长，知府为一州之长，巡抚或都督等则为一省之长，君主即为一国之长。于是，从一家出发，由家族而致天下，形成了一个家长制模式的家天下，官为民之父母，君为民之主宰，便成为一种不可更改和逾越的思维定势。因此，以官为媒，以君为媒，便带有着更为强烈的婚姻包办性和强制性。

在婚姻关系的缔结上，以官为媒，大量地表现为以地方官，尤其是以县令为媒。县令为一县之主，既是一县百姓的父母官，又是一县行政、司法与军事、经济、文化的主宰者。

中国的古代，是一个缺乏法律，尤其是婚姻法等民事诉讼法极不健全的时代，因而县令在处理婚姻案件上往往具有极大的随意性和武断性，其参与男女婚姻关系的缔结，充当男女的主婚人或媒人，同样如此。于是，这种现象便以肥沃的土壤孕育和萌发了诸如《醒世恒言》中“乔太守乱点鸳鸯谱”那样的故事，问世了“以爱及爱，伊父母自作冰人；非亲是亲，我官府权为月老”那样的既做媒人又兼主婚人的乔太守。固然，乔太守成全了孙润和慧娘，但徐雅之女也因乔太守而转眼之间由原聘孙家转到了裴家，而且徐雅还“怎敢不依”。如此强制和暴横，便是以官为媒的弊端。

不错，按照封建婚姻标准，有的为媒之官确不失为好媒人，所提亲事亦可列为好婚姻。清代，王良臣为阳城县令，见一叫栗魁周的小孩而奇之，认为将来必成大器，不仅召其父送子上学，而且嘱咐择偶一定慎重，并要亲自为他选定。后来，王良臣见一女孩甚出众，于是召女孩的父亲为女孩提亲。当其父得知未来女婿是栗魁周时，嫌栗家贫寒而不许。在王良臣的反复劝说之下，女孩的父亲才勉强答应。后来，栗魁周果然成名，做了大官。（《清稗类钞·婚姻类》）传奇《梨花记》中的洛阳太守刘辅，为钟情男女赵汝舟和谢素秋的婚配，可谓用心良苦。他既想方设法使无缘见到谢素秋的赵汝舟从相思中解脱出来，立志走上发奋读书、科第成名的仕途道路，又尽量选择最佳时机让谢素秋与赵汝舟见面，并自做媒人，玉成良缘。如此二位为男女婚配可谓操碎了心的地方长官，既做媒妁，还顾及后生前途，实在难得。但其家长式的说媒态度，又不能不令人感到以官为媒的某种危机。

何况，由于官员是仕途中人物，为了自己仕进有路或某种政治目的，为人作伐的官员往往怀有不可告人的目的，从而使男女的婚配变成了他们编织封建裙带关系那张大网的行动的一步。据说，吕不韦即是这样一个人物。为仕途奋进，富商吕不韦变卖家产，广纳门客，不但尽心效力于在赵国作人质的秦国王孙异人，而且亲自做媒，将已有身孕的爱妾赵姬嫁给了异人。后来，异人回国登上王位，史称“庄襄王”；赵姬所生的孩子就是后来的秦始皇；吕不韦也成为秦国的大人物，被尊为“仲父”，当上了“国相”。只是后来因谋篡秦国政权，失败而遭到放逐，服毒而被迫自杀，才落得了个“聪明反被聪明误”的下场。

不但官府里的官员做媒，有时皇帝老子也会出于某种目的而亲自出面做媒。在历史文献中，经常可以看到皇帝赐某女子予某男子或喻某臣之女与某臣之子婚配的记载，这些都是皇帝作为媒人和主婚人的例证。更有甚者，有的皇帝老儿亲自出面做媒，为自己的儿子选择配偶者。据《明史·后妃传》记载，开国元勋徐达有个女儿不仅贤淑温柔，而且天资聪颖，读书过目不忘，是当时著名才女。朱元璋听说后，将徐达召至宫中，亲自做媒说："朕与卿同起布衣，患难与共。自古以来，君臣契合，往往结为婚亲。朕第四子气质不凡，卿女聪明贤淑，望卿能将令爱许配联第四子。"皇帝老子做媒，徐达岂敢不允，于是嫁女于朱元璋的第四子朱棣。后来，朱棣登基，即明成祖，徐达的女儿也成为仁孝皇后。可见，皇帝出面为媒固然更多地出于政治需要的考虑，但其中也不乏一般媒人"谋合二姓"的特点。

甚至，为达到某种政治目的，有的君臣会合起伙来做媒。在这方面，三国时代的东吴君臣可谓是代表。为讨回荆州，孙权与周瑜等人设计将孙权之妹假意许配刘备，以诓骗刘备过江拘为人质。然后，便派大臣吕范、鲁子敬为媒前去说亲(图19)。此计谋被诸葛亮识破，定下锦囊妙计。刘备依计而行，到达东吴后便派兵大肆张扬刘备将娶孙权之妹为妻，并通过孙权的老丈人乔国老劝说孙权的母亲国太许婚，于是有了甘露寺招亲之举。国太见刘备仪表非凡，甚为欢喜，两天后即让刘备和孙权妹妹成了亲。后来，刘备又依计携新娘脱身回荆州。东吴君臣合起伙来做媒，结果如意算盘落空，“赔了夫人又折兵”，成了历史上的笑柄。

第四类，官媒为媒。

官媒，顾名思义，是官方所设置的媒人。这种媒人多以给上层社会的人说媒为职业，且多由女性担任，故在传奇小说和戏曲中多被称为“官媒婆”。

图 19　子敬来与玄德说亲

(选自金陵书肆富春堂唐氏刻本明无名氏撰《草庐记》)

官媒，由来已久，其源起于西周时设立的“媒氏”之官。媒氏，为执掌谋合男女婚姻，贯彻各种婚姻礼仪制度的官名，故后世也将此类官员称为“媒官”、“掌媒”。《管子·入国篇》曰：“凡国郡皆有掌媒。”《三国志·吴志·薛综传》也说：“为设媒官，始知聘娶。”

自战国以降，官媒之制似乎消沉了起来。至宋代，“宗女既多，宗正立官媒数十，掌议婚”（朱彧：《萍洲可谈》），官媒又开始出现。自元代开始，官媒顿时热闹起来，似乎从此形成了一种较为成熟的制度。元代官媒又称“媒互人”，担任者需由推选产生并注官籍。“媒妁由地方长老，保送信实妇人，充官为籍。”（《元典章·户部》四）“今后媒妁，从合属官司，社长、巷长、耆老人等推举，选保信实妇人充之，官为籍，记姓名，仍严切约束。”（《通制条格》）且官媒需通晓当时婚姻结合，并有一定的标志。《新元史·刑法志上》说：“各处官司使媒人通晓不应成婚之例，仍取本管不违甘结文状，以塞起讼之源。”看来，当时的官媒须学习婚姻法令，并保证遵守。元曲《琵琶记》中有一官媒婆的表白：“这（秤斧）是媒婆的招牌，《诗经》上说，析薪如之何，匪斧不得，娶妻如之何，匪媒不得，所以要拿着斧头。这秤儿唤做量人秤，但凡做媒先把新郎新妇，秤得轻重一般，方与他说亲，后来自然夫妻和顺。”《元史·刑法志》还特别载明：“诸男女婚姻，媒人违制，多索聘财，及多取媒利者，喻众遣决。”可见，官媒在当时要受到较为严厉的约束。

官媒在元明清时代，是充当媒人的一种重要力量。明因元制设官媒。明代官媒有行，行有铺税。（见《宛署杂记·铺行门》）清制，官媒要担负一定的官役：“官媒为妇人之充官役者。旧例：各地方官遇发堂择配之妇女，皆交其执行，故称官媒。兼看管女犯之罪轻者，如斩绞监候妇女，秋审解勘经过地方，俱派拨官媒伴送。”（《清稗类钞·婚姻类》）。除官役而外，官媒多为达官贵人家说婚联姻。元曲《㑳梅香》中的官媒婆，一上场即自我表白：“自家是个官媒婆，这京城内外官宦人家都是俺说合亲事。”而奉旨为白敏中与裴小蛮主婚的李尚书则说：“老夫如今唤个官媒婆来，着他就题这门亲事去。左右的，与我唤一个官媒婆来。”可见，官媒婆是被“唤”来奉命行事的，是要听命于达官贵人的毫无独立意志的婚姻关系撮合者。

官媒虽与“官”字沾边，但其在人们心目中的形象却不佳。至于其中原因，即在于官媒同样带有着一般媒婆那种贪财善骗、油嘴滑舌的特点。元曲《㑳梅香》中的官媒婆即自我表白："我做媒婆古怪，人人说我口快，穷男我说他有钱，丑女我说他娇态，讲财礼两下欺瞒，落花红我则凭白赖。"明传奇《题红记》中的官媒婆因分别得了两位纨绔子弟的百两和50两银子，而在宰相面前着意称颂送百两银子的那位如何英俊有才，希望宰相将女儿许聘于他。《红楼梦》第72回写鸳鸯与平儿聊天，鸳鸯问："哪一个朱大娘？"平儿道："就是官媒婆朱嫂子，因为有什么孙大人家，来合咱求亲，所以他这两日，天天弄个帖子来赖死赖活。"这表明，官媒虽代表着达官贵人的意志遵命行事，但实际上却是寄生于封建上层社会名流阶层的一群无赖和奴仆。

第五类，媒婆为媒。

媒婆，是过去民间男女婚姻关系得以缔结与撮合的最重要力量。在古代文献中，有关媒人称谓在魏晋以前似乎还没有明显的性别差异，魏晋之后则不然了。对于女媒人，一般称为媒媪、媒妪、媒妇或媒婆，而对于男媒人，则称为媒伯或显得较为典雅的冰人、伐柯人、月老等。这种现象似乎表明，伴随着封建伦理道德的不断深化，以及命定姻缘和媒妁作用的封建法律化的出现，女性在民间"谋合二姓"的媒妁舞台上发挥着重要的乃至主要的作用了。

在过去，媒人之所以大都由妇女担任而被称为“媒婆”，其中的原因大概有以下几点：一在于女性本身有着语言上的天赋，因而女性群体中自然能涌现较多的伶牙俐齿、巧舌如簧者，从而使民间妇女有着可以胜任媒人职责的担当者。二是在于妇女有着更多的可以接触男女的便利条件。在过去“男女授受不亲”的时代里，男子是没有权力和机会突破社会为之设置的“男女之大防”的樊篱，而进入女家内阁评男论女、说长道短的。相反，妇女则可以进入各家各户，即使豪门大家的深宅闺楼，也可进进出出，这自然为妇女担任媒人创造了一个有利条件。三是已婚妇女都是过来人，不仅能深深地懂得自己被劝说嫁人时的全部内容，而且也能够突破传统时代中国女性羞于谈论男女婚配之事的心理障碍，从而导致已婚妇女成为媒人的最理想承担者，做起“从前做过傀儡的人如今来使别人做傀儡”① 的媒人，自然得心应手且游刃有余。这是为人做媒妇女大都被称为媒姥、媒妈、媒媪、媒婆，而不被称为媒嫂、媒姐的主要原因。

---

①《巴金全集》，第 1 卷第 321 页。

当然，被称为媒婆的人也并不一定将提亲说媒作为自己的唯一职业。民间通常的看法是，凡是经常为他人做媒的妇女，即被人称作“媒婆”。这种看法，与元明清时期的传奇小说和曲戏的描述是相一致的。如《拍案惊奇》“通闺闼坚心灯火，闹囹圄捷报旗铃”中的杨老妈，即是以卖花为业，又“久惯做媒”的媒婆。《醒世恒言）卷 14“闹樊楼多情周胜仙”中的王媒婆，也是个“与人收生、做针线、做媒人，又会与人看脉，知人病轻重”的多面手，人称“王百会”的媒婆。《金瓶梅》中贪贿说风情的王婆，还是一个“能言快语，会做媒、会做牙婆、会说风情，又会做马泊六”的“万能博士”。这表明，即使民间被称为“媒婆”者，为他人说媒提亲同样不是其主要职业，而应是“第二职业”性质。

媒婆的这种特点，更加导致了媒婆队伍的复杂性。在民间，被称为媒婆的人一般是那些能言会语、常为人家做媒的妇女。这样的人，大都有着广泛的交际，走千户，串万家，以走村串户撮合男女婚姻为能事，有的甚至是游手好闲、贪吃贪喝的好事之徒和市井无赖之辈。因此，媒婆在人们心目中历来形象不好，老实厚道人家是不会产生媒婆这样的人物的。元末明初的文学家陶宗仪即把媒婆列入被人不齿的三姑六婆中："三姑者，尼姑、道姑、卦姑；六婆者，牙婆、媒婆、师婆、虔婆、药婆、稳婆也。人家有一于此，而不致奸盗者，几稀矣。若能谨而远之，如避蛇蝎，庶乎净宅之法。"（陶宗仪：《辍耕录·三姑六婆》）明末清初文人朱柏庐也说："三姑六婆，淫盗之媒。"（朱柏庐：《治家格言》）对此，《红楼梦》第112回中也说："那三姑六婆是再要不得的。"可见，媒婆被正统文人划入不正经的人物之列。

在古代，媒婆曾有过特殊的标志。两宋之际的孟元老说汴京媒人："其媒人有数等，上等戴盖头，着紫背子，说官亲，宫院，恩泽；中等戴冠子，黄包髻，背子，或只系裙，手把青凉伞儿，皆两人同行。"（孟元老：《东京梦华录》）元代，官媒以斧与秤为招牌。元曲《琵琶记》中的官媒婆上场即扛着秤和斧，背着鞋。斧与秤是媒人的标志，鞋则表示媒婆为人奔波穿鞋多，因而人家做鞋以谢媒。至今，在河南洛阳一带农村，谢媒钱中还专有一种称为"谢媒鞋钱"。在山东胶东一带农村，新娘进入娘家门时，要怀抱一只木斗，斗中盛有一杆秤和一个斧头，意在向众人宣称："我是明媒正娶而来的。"这表明，古代媒人的某些标志曾对一些地方的婚姻习俗发生过一定的影响，现代婚礼中的斗、称、线团即是这种现

象的反映。(图 20)

图 20　民间婚礼中的斗、秤和线团。(叶涛　摄)

第六类，婢女与丫鬟为媒，尼姑与道姑为媒。

婢女与丫鬟，是大家闺秀的仆从和侍者，本不该成为其所侍奉小姐的媒人。但是，由于她们的身份地位所决定，婢女与丫鬟不仅可以有着更多的自由，而且对其所侍奉的深闺小姐有着更多的理解和感情交流。因此，她们既是小姐的仆人和侍者，又是小姐的朋友。这些人可以利用侍者的身份之便走出深宅大院，帮助小姐传递爱的信息，从而成为爱情的使者和钟情男女真正的媒人。在这类不具备媒人名号的婢女、丫鬟中，红娘是其杰出代表。

婢女和丫鬟，作为生活在豪门大家之中的被压迫者，因其本身所具有的反抗精神，往往导致为人说媒提亲而有着不同于一般媒人的作为。《西厢记》中的红娘是其中之一，但她仅是为他人婚姻而奔波和抗争的代表。而关汉卿所写杂剧《调风月》中的婢女燕燕，则是一个敢于争取自己的爱情的媒人。燕燕作为一家贵夫人的婢女，聪明多情，居然爱上了客居夫人家的小千户，小千户也答应娶她。但后来燕燕发现小千户与其他女子有私情，更意想不到的是夫人逼迫燕燕为媒，将莺莺小姐说给小千户为妻。为争取自己应有的爱情，不得已而为媒人的燕燕，决心做一个“几句话破了这门亲”的媒人。可是，无论燕燕如何说小千户的坏话，莺莺偏偏不计较，反而一口应允婚事。对此，燕燕妒忌万分，也酸苦万分：“大刚来主人有福牙推胜，不似这调月媒人背厅。说得他美甘甘枕头儿上双成，闪得我薄设设被窝里儿冷。”如此媒人，富有个性，有着爱的追求，更能够全方位地展示媒人的内心世界。

尼姑与道姑，也是一类不该成为媒人的人。这类人物已入佛门道观，按照教规是不该过问人间俗事的。但是，由于魏晋以来佛道两教的兴盛，平日足不出户的大家闺秀可以破例进出寺院与道观，而尼姑和道姑也可自由地出入各类深宅大院。这样即为大家闺秀同尼姑、道姑的彼此往来提供了机会，致使有的尼姑、道姑也做起媒人来。不过，由尼姑、道姑做媒，正经做媒者少，更多的则是同牙婆等为媒一样，充当了马泊六、牵头、皮条等极不光彩的媒人角色。对此，《拍案惊奇》“酒下酒赵尼媪迷花，机中机贾秀才报怨”中说：“其中一种最狠的，又是尼姑。他借着佛天为由，庵院为囤，可以引得内眷来烧香，可以引得子弟来游耍。见男人问讯称呼，礼数毫不异僧家，接对无妨；到内室念佛看经，体格终须是妇女，交搭更便。从来马泊六、撮合山，十桩事倒有九桩是尼姑做成，尼庵私会的。”可见，人们对于尼姑、道姑为媒现象是持反感和否定态度的。

（三）媒人的衍化与扩展

大千世界，无奇不有。组成大千世界的各种事物之所以奇异怪诞，即在于支配世界各类事物的内在规律具有严酷无情性，从而导致了事物属性的反向衍化和范畴的日渐扩大。

同样，媒人这种历史的产物，困于封建婚姻制度的严厉制约，也导致了本身发生变异而衍化出一些令人看来似乎不可理解的类型，从而导致了媒人范畴的扩展和离奇。

媒人范畴的扩展，首先表现在谋合二姓、撮合男女婚配的界限的扩大上。在封建社会中，合法婚姻系指明媒正娶性婚姻，而真正的媒人也是为了排除各种所谓的淫乱性因素而不管男女情感如何即尽力牵线搭桥者。这样，在实际的婚姻缔结过程中，便出现了以下几种情况，从而导致了媒人性质的变异和衍化，促使媒人范畴出现扩展状态：

第一种情况，为有着所谓非正常男女关系者牵线搭桥，或为采用强制手段迫使女子为妻而穿针引线的媒人。这类媒人被称为"落花媒人"、"花博士"、"牵头"、"皮条"、"马泊六"、"牙婆"等。

"花"，是一种美的象征，在古文献中常被运用来比喻女子的美丽。而"落花媒人"和"花博士"，则是指能帮助有非分之想的男子与其所追求女子建立所谓婚姻关系的媒人。因此，古籍中说："春为花博士，酒为色媒人。"（《清平山堂话本》"西湖三塔记"）。在元杂剧《百花亭》中，洛阳名妓贺怜怜与当时才子王焕清明时节郊外踏青，一见钟情，苦于无人穿针引线，王焕才央求卖梨小贩王小二："你肯与我做个落花媒人，与那贺家姐姐做一程儿伴"，"只索央及你撮合山花博士，休使俺没乱熬做了鬼随邪"。在此，"落花媒人"、"花博士"与"撮合山"连用，说明这类称呼不仅是对媒人的一种谑称，而且是对非正统媒人的一种称谓。因此，这类媒人绝不可能得到社会的承认，只是被当事人随意认定的媒人而已。

至于“牵头”、“皮条”、“马泊六”等对媒人的卑称，则更是对为所谓非正常男女结合牵线搭桥人的一种称谓。而牙婆则是为人买妻买妾的牵线人，表面上有时被视为媒人，实际上是参与拐卖人口，有时也为了钱财而勾引淫荡男女通奸的一类人物。对此，已于前述。

此类变异性媒人的产生，是过去封建婚姻被严厉实行包办的结果。包办婚姻的实行，将爱情与婚姻完全地割裂开来，男女的结合实际变成了一种为家族利益的麻木无情的凑合。为了补偿和填充干涸的爱情海洋，按捺不住的男女们有的便走上了偷情的道路，这就为落花媒人、花博士、牵头、皮条之类非正统媒人的产生提供了肥沃的社会土壤。而为了家族的利益，为了传宗接代和家丁兴旺，一妻多妾制又得以合法存在，男子可以凭借各种势力藏娇纳妾。“娶则为妻”、“买则为妾”的社会习惯法的许可，则为拐卖妇女给人做妾的牙婆的横行不法提供了阳光雨露。正是因为如此，那些落花媒人、花博士、皮条、牵头、马泊六和牙婆之类媒人，虽为人们所不齿，但古往今来，这类变异性媒人仍像令人作呕的苍蝇一样滋生不断，嗡嗡乱飞着毒害社会。

第二种情况，为已完成婚姻关系缔结的婚事做摆设，从而导致了仪仗式媒人的存在。

媒人的主要职责在于“谋合二姓”，所担负的是为男女婚媾关系牵线搭桥的媒介作用，因此，媒人才被称为“媒”、“媒妁”、“行媒”等。但是，在封建社会中，合法婚姻的缔结是以“父母之命，媒妁之言”为标志的。两者之中，“父母之命”为主导因素，而媒妁之言则是依附于“父母之命”并为之服务的。这样，就决定了媒人牵线搭桥的作用有时可以被剥夺而成为一种摆设。

有着完全婚姻关系缔结权的当事人，在封建时代其数量是不多的。即使是皇帝的婚姻，也必须经过皇族和权臣们的一番讨论才能最后确定。但是，封建社会中达官贵人乃至皇族子弟婚姻关系的确立，则主要地表现为“父母之命”，因而大部可以排除“媒妁之言”的牵线搭桥。如此，在这类婚姻中，媒人的作用仅仅在于完成婚姻礼仪程序，体现着封建婚姻应有“媒妁之言”作为合法性的标志而已。

媒人作为封建婚姻礼仪的参与者和合法性的体现者，在我国封建法律中有着明确的规定。明代，凡品官婚礼，媒人是必不可少的仪仗式人物。《明会典》规定：纳采日设雁及礼于厅及院，媒人须一一视过，再由执事者举礼物进，宾人及媒人跟随其后。天亮时分，主婚者主持告夜仪式，媒人入告，宾及媒氏升自东阶，主婚者升自西阶。至厅，媒氏立于宾之南。在如此僵死的规定之下，媒人已失去了人的意趣与灵性，完全变成了一个木偶式媒人而成为仪仗式人物。《辽史·礼志》又说："皇帝（纳后）遣使及媒者，以牲酒饔饩至门，执事者以告，使及媒者入谒，再拜，平身立。……皇后升车，父母饮后酒，致戒词，遍及使者、媒者、送者。"在封建最高统治者的婚礼中，媒人更是纯粹的木偶式摆设了。

第三种情况，为已死未婚男女的鬼魂做媒，从而产生了鬼媒人。

如果说，无论是正经还是不正经媒人，或是仪仗式媒人，其所做的一切，仍是为着活人的两性结合，总算还是办了一点人间的实事，而鬼媒人则不然了。鬼媒人所作所为则是为了已死未婚鬼魂，实在是子虚乌有的徒劳。

鬼媒人是适应着冥婚的需要而产生的。冥婚当起源于一夫一妻制确立之后，是在灵魂不死观念支配下，为已死未婚男女举行婚嫁以结成所谓阴间夫妻的一种宗教迷信性婚姻形式。对此，《周礼·地官·媒氏》曰："禁迁葬与嫁殇者。"郑康成注："迁葬，谓生时非夫妇，死既葬，迁之，使相从也。殇，十九以下，未嫁而死者。"可见，冥婚风俗兴起极早，并在周代曾一度被禁止过。但是，在迷信盛行的古代，有着多种思想土壤生存的冥婚风俗是绝对不可能禁止得了的，从而导致了此俗的盛行和历代不衰，以及鬼媒人的存在。

死人要听活人摆布，活人摆布死人则是按照活人的生活样式。鬼媒人也不例外。宋人康与之的《昨梦录》，详细记载了鬼媒人为未婚而死者做媒的有关情况：

> 北俗，男女……未婚而死者，两家命媒互求之，谓之鬼媒人。通家状细帖，各以父母命，祷而卜之。得卜，即制冥衣，男冠带、女裙帔等毕备。媒者就男墓，备酒果，祭以合婚……又有虑男女年幼，或未闻教训，男即取先生已死者书其姓名生时以荐之，使受教，女即作冥器，充保母使婢云。属既已成婚……两家以薄币帛以酬鬼媒。鬼媒每岁察乡里男女之死者，而议，资以养生焉。

如此为未婚而死男女的所谓撮合婚姻，既有男女两家请媒人说亲之作，又有媒人占卜及祭奠、成婚仪式，还有谢媒之举，甚至有鬼媒人以此业为生的记载，这与为人世间的男女婚配而奔忙的媒人相比，实在有过之而无不及。鬼媒人的存在，不仅助长了封建迷信的流行，而且使宗法制的社会伦理扩大到了鬼的世界，为封建礼教的全方位树立和巩固增添了一臂之力。

第四种情况，为冲破封建礼教对于爱情的扼杀，钟情男女或托物为媒，或以诗为媒，或以仙为媒，如此等等，不一而足，从而导致了一些非正常媒人的产生。

诗为心声。中国是一个诗如海洋的国度，因而古代笔记小说中以诗为媒的记载较多。对此，鲁迅曾说："所谓才子者，大抵能作些诗，才子和佳人之遇合，就每每以题诗为媒介。"①

以诗为媒，是体现和实践郎才女貌婚姻标准的一种现象。诸如此类现象，还有以字画、以歌舞等方式作为媒介者。这种媒介，在过去男女的恋爱中确曾发挥过重要作用，但在婚姻关系的确定上，以诗为真正媒介者则较少了。《熊小峰四种小说·张生彩鸾灯记》，即记载了宋徽宗朝汴京张生与一女子以诗为媒的故事。张生于元宵之夜在乾明寺殿上拾得红绡帕

① 鲁迅：《中国小说的历史的变迁·明小说之两大主潮》。

一块，上有诗一首：“囊里真香谁见窃，鲛绡滴血染成红。殷勤遗下轻绡意，好与才郎置袖中。”诗尾有小字一行：“有情者拾得此帕，不可相忘，请待来年正月十五夜于相篮后门一会，车前有鸳鸯灯是也。”第二年元宵之夜，张生来到相篮后门，果见一辆挂着鸳鸯灯的车子驶来。他又惊又喜，走近车子，吟诗一首：“何人遗下一红绡？暗遣吟怀意气饶。勒马住时金镫脱，桠身亲用宝灯挑。轻轻滴滴深深韵，慢慢寻寻紧紧瞧。料想佳人初失去，几回纤手摸裙腰。”诗吟得不怎么样，更谈不上和得好，但还是打动了那个女子的心。第二夜，张生在这位女子的引导下来到了乾明寺中，那女子对张生道：“愿见去年相约之媒。”张生取出那方有诗的红绡帕，女子又说：“京师人口众多，唯君得之，岂非天赐姻缘。”于是，推生就枕，遂成夫妻。后来，两人远走高飞，摆脱家庭束缚，偕老百年。如此以诗为媒而自找佳婿，固然浪漫得可以，反对封建礼教的精神也勇敢得令人肃然起敬，但其爱的基础却是一见钟情式的突击性恋爱，且广大平头百姓是没有如此才子佳人式的吟诗作对那般穷酸的。

一见钟情式突击性恋爱，是过去被封闭隔离男女们的主要恋爱方式。尤其是那些生活在豪门大家深宅大院的痴男怨女，由于长期被禁锢而丧失了与异性接触的权力，一有机会，便会点燃起爱的烈火，从而导致了无缘爱时便罢，有缘爱则爱得死去活来，一见便会钟情现象的产生。于是，这样的男女便利用各种物品作为媒人，妄图以封建社会所允许的合法婚姻的原则来实现其有情的结合。

封建社会是一个有神论的社会，各种宗教与封建迷信泛滥横行，为带有迷信色彩的所谓“神媒”的广泛存在而奠定了坚实的基础，也为钟情男女自己塑造出一个媒人来提供了一种条件。充当这些“神媒”者，有动物，有植物，有自然现象，也有鬼神等子虚乌有者。于是，就产生了一群被人们所神化的媒人，从而使媒人的阵营更为扩大，呈现了既扑朔迷离又五彩缤纷的特点。

这类媒人所宣扬的是姻缘天定，体现的是钟情男女以封建之矛攻封建之盾的叛逆精神。脍炙人口的黄梅戏《天仙配》，说的即是人间贫穷青年董永与天上仙女以老槐树为媒的故事。谁知老槐树竟能开口说话，甘心当月老，撮合他们的婚事。老槐树的开口说话为媒，代表了神的意志，剥夺的是天王老子的“父母之命”，从而才使这种人间天上佳话顺理成章。在《初刻拍案传奇》卷 5“感神媒张德容遇虎，凑吉日裴越客乘龙”中，描写了一个猛虎为一对男女为媒的故事。于是民间各处还建立了虎媒祠，只要有求婚求亲的，虔诚祈祷，无有不应。而宋元话本《西山一窟鬼》中，则讲了一个已逝媒婆又显原形，为贫儒吴教授为媒，并成就了其婚姻的故事。而清代乐钧的《耳食录》则记载了花仙为赵梦虚与碧桃姑娘做媒的故事。在民间传说中，也有八仙之一的吕纯阳，曾多次为穷苦人撮合做媒的佳话。固然，类似神媒传说的大量存在，是封建包办婚姻对钟情男女自主婚姻的一种压抑和窒息的畸形反映，但在民间实际中，肯定是有钟情男女借助神媒的力量，来实现其美满结合的真实例证的。

媒人哟，本来是为男女玉成而撮合的活生生的人，可是，过去为什么偏偏滋生如此多的畸形怪胎呢？

六 叛逆中的苦斗

传统的“匪媒不得”观念深深地扎根于中华这块美丽而富饶的国土上，不仅影响着中国人对爱情、婚姻、家庭的认识，而且影响着人们的某些行为和心理。

哲学家说：“两性关系是人类的一种自然属性。”

科学家说：“两性关系中蕴藏着永远探索不完的奥秘。”

宗教家说：“两性关系是人类始祖传下的而又永远也无法洗涤干净的原罪。”

文学家说：“爱情是人类永恒的主题。”

这些说法虽产生于不同的历史时期，视角也各不相同，但又有共通之处：都认为人类的两性关系与人类相始终。

不过，两性关系和性爱是根本不同的。媒妁所撮合的是两性关系，所排挤的是性爱。但是，人类的爱情绝不是天上彩云，可望而不可即。于是，人们才对“人类永恒的主题”

那么珍重，并为之而苦苦地奋斗着。

（一）媒妁重压下的扭曲性爱

在传统社会中，媒妁婚姻虽然不允许爱情的存在，但并不等于真的就完全地消灭了爱情。为了追求那点本来就属于自己的可怜的爱情，于是敢于以生命的头颅去撞那封建礼教的磐石者有之，以变通的手法去偷情者亦有之，从而组成了一曲曲令人可叹又令人感慨的扭曲性爱之歌。

以生命的头颅去撞那封建礼教磐石者，所冒的当是天下之大不韪，其结局或是棒打鸳鸯两下里散，或是以身殉情，而真正能争得爱情者则寥若晨星。西汉时代，司马相如同卓文君确是凤求凰式的美满夫妻，可就是因为没经过“父母之命，媒妁之言”的聘娶程式，而被说成是“私奔”，父亲卓王孙则绝情地说：“女不材，我不忍杀，一钱不分也”。（《史记·司马相如列传》）可见，没有媒妁之言的婚姻所得到的，首先是父母绝情的惩罚；随之而来的，则是“国人皆贱之”。

更为惨痛的，则是钟情结合的一对被活活地拆散。元杂剧《墙头马上》，描写了相互钟情的裴少俊与李千金私奔裴家，藏于后花园中，生活了7年，且生下一男一女，被公爹裴尚书发现后，当头即骂："谁是媒人？下了多少钱财？谁主婚来？这妇人决是娼优酒肆之家。……妇人家共人淫奔，私情往来，这非过逢赦不赦。送与官司问去，打下你半截来！……我便似八烈周公，俺夫人似三移孟母，都因你这淫妇枉坏了我少俊前程，辱没了我裴家上祖。"在父亲的逼迫下，裴少俊不得不写下休书将李千金打发回家。这表明，以钟情男女单薄的力量，要与强大的封建传统势力相抗衡，爱情只能以悲剧而收场。

不错，在"父母之命，媒妁之言"的束缚之下，如果媒人能诚心诚意地替婚姻当事人着想，也可能成全了一些婚后的恩爱夫妻。例如，宋代旷世才女李清照与金石学家赵明诚的结合，即是在传统婚姻观念支配下撮合的一对志同道合、情意深笃的恩爱夫妻。但这仅是封建婚姻中的罕见幸运儿。更多的则是想爱又不敢爱、渴望爱情又不得不屈从于"父母之命，媒妁之言"，成为传统婚姻观念战胜理性爱情之火的封建礼教的可怜殉葬者，最终不得不去与那无情的人儿结合。这种状况，倒像鲁迅先生所揭露的那样，两个婚姻当事人，像被拴在一起的两匹牲口，“做一世牺牲”。① 这再一次证明，世界上最可怕的力量是无处不在的传统势力。

在过去，强大的传统势力扭曲了男女两性之间应该存在的融洽关系，社会被人为地划分为两大性别集团。即使夫妻之间，也只能分属于这两大性别集团而处于一种对立状态之中。在很多情况下，同性之间的关系亲密程度甚至超过了异性之间的亲密，如俗话所说“兄弟如手足，妻子如衣服”。这种观念，就明显地贬低了异性关系而抬高了同性地位。因此，夫妇被分离开来而活动于各自的天地里，只有到了晚上，才在黑暗中以最原始的方式亲热一番。这样一来，夫妇之间连一种亲密的称呼也没有的现象得以产生，最多也是以极端的方式予以表达。在民歌和戏曲中，女子称呼丈夫常用“冤家”、“俏冤家”之类词语。而民间口语则说得更加露骨，直接称为“死鬼”、“该死的”、“那挨千刀的”等。

但是，性爱是人类的天赋和需求。因此，无论传统势力如何强大，性爱总是以各种形式来顽强地表达着自己。不过，这种性爱已经成为一种被扭曲而变形的性爱了。

---

① 鲁迅：《热风·随感录四十》。

于是，那些社会权贵和豪门大姓，则以一妻多妾的“合法”制度来满足着自己。俗语说：“皇帝有三宫六院七十二妃。”在历史上，皇帝的性爱常表现在与妃子的关系上，而不是与正宫娘娘的情深意笃。唐明皇爱杨贵妃爱得要死，吴王夫差爱西施连江山也爱丢了。之所以如此，是因为皇帝与妃子的关系可以不受其与正宫的有关礼教的束缚，能够得以放纵情欲。这就是古人所说的“妻不如妾”。于是，封建官僚凭权仗势可以娶妻纳妾，豪门大姓凭财大气粗也可以妻妾成群。甚至，贵族之家还盛行着“收房”制度，凭权仗势即可把服务于身边的奴婢收做小妾，从而导致了《红楼梦》中贾宝玉收袭人于房中，贾琏收平儿于床上现象的存在。对此，古人称为“妾不如婢”。

在我国古代文艺作品中，有着大量的关于以妓女作为性爱对象的描写，甚至一些文人学士也参与其间。如此风流倜傥的正人君子与青楼妓女之间的爱情故事不仅不被限制，反而被视为佳话而广为流传。这种现象的本身即说明，妓女在社会上被视为非人，与妓女的关系可以摆脱一些封建道学的约束和限制，什么“父母之命，媒妁之言”，统统都被打倒在地并再踏上了一只脚。于是，类似李白携妓纵情于山水之间者有之，类似关汉卿混迹于青楼，并自我标榜是“普天下郎君领袖，盖世界浪子班头”者亦有之。许多动人而美丽的故事产生于其中，青楼妓女的血泪铸成了我国古代文学史上的光辉一页，大概其源即在于排除了封建礼教的“婢不如妓”。

对于无权无钱又无才的普通人来说，无妾无婢也无妓。面对强大的封建传统势力，表达性爱的方式往往采取冒犯禁规式的偷情。这就是古人所谓的“妓不如偷”。青海省有一首民歌唱道：“板子打了九十九，出来还要手拉手。大老爷堂上定了罪，回来还要同床睡。”这是对封建礼教和法律的公然宣战。而有首源于甘肃省河州（今临夏回族自治州）一对回族男女青年爱情悲剧而创作的叙事长诗《马五哥与尕豆妹》，则描写了尕豆妹被有钱有势人家通过媒妁之言强行娶去，为了爱情，尕豆妹与马五哥深夜幽会，“花花的枕头我两人枕，女婿娃给个木墩墩；花花的被儿两人盖，女婿娃给个破口袋”。一对钟情的人儿亲亲热热，忘乎一切，直至“月儿下山鸡娃子叫”。因为幽会，马五哥与尕豆妹被官府杀害。死时，这对钟情男女感到最大的慰藉仅是“我俩一搭来了一搭回，死了这辈子也不后悔”。[1] 民间那些真正的性爱，大都产生于这类“偷情”之中。正是这类基于真正情欲不能实现而发生的偷情，才孕育和滋生了那样众多的反抗封建礼教的优美民间文学作品。

甚至，有些不正经的媒人所撮合的男女婚姻，在一定程度上也属于这类反抗封建礼教的“偷情”。《水浒传》中的潘金莲，原是个大户人家的使女，只因长得颇有几分姿色，屡屡被大户纠缠，而潘金莲执意不从，才被大户倒赔了嫁妆而嫁给了“身材短矮，人物猥琐”、“三分像人，七分像鬼”、人称“三寸丁榖树皮”的武大郎。在那个“嫁鸡随鸡，嫁狗随狗”的社会里，武大郎成为潘金莲的合法占有者，而潘金莲却不能跳出封建婚姻制度为她画定的人生苦旅的圈套。在苦难的命运面前，要么，她像众多的女人那样，逆来顺受，忍辱负重而成为武大郎的附庸；要么，她就按照自己的意志去偷情，去通奸，去干为人所不齿的伤风败俗的勾当。潘金莲的个性使她选择了后者。因此，她一见到武松，便立刻被这个“仪表人物”所征服了，并主动追求而表达自己的情欲。

---

① 《中国少数民族文学作品选》，第 2 册。

潘金莲的这种行为是嫂对叔的偷情心理表现，是她那颗被摧残被压抑的正当性爱之心的扭曲表现，因而遭到了武松的痛斥。接着，在王婆的安排下，潘金莲便不顾一切地与西门庆勾搭成奸。虽然，这是一种被社会所痛斥的淫乱关系，但是，对于被封建礼教所折磨得遍体鳞伤的弱女子潘金莲来说，恐怕则是唯一能够宣泄其性爱的方式了。从这种意义上说，贪贿说风情的王婆反倒成了帮助潘金莲摆脱封建礼教的束缚，争取一点本来属她自己应有的性爱权力的人物。类似被人骂为“马泊六”、“撮合山”、“牙婆”的王婆的这类媒人，其行动在客观上往往对封建婚姻具有一定侵犯和破坏的性质，而其行动的实际目的则往往表现为令人憎恶的贪贿说风情特点，且为达到这种目的的手段又是那样的卑劣和狠毒。如此错综复杂，如此多色彩，便是王婆之类媒妁的那张丑恶而又让人难以勾画的脸谱哟。

当然，在封建婚姻对性爱的肆意践踏和摧残中，妇女是最大的受害者。男性由于其社会地位所决定，还可以把社会的权力欲、表现欲作为情欲的一种补偿，以事业的勃发去掩盖和替代婚姻的不如意，从而使那颗流血的性爱之心得到点慰藉。但是，女性则不然。在古代社会中，女性如果有权力欲、表现欲，则被认为是祸水。历史上的武则天、吕后和慈禧太后，无一例外地皆受到非难，便是证明。在传统社会中，“女子无才便是德”，实际上应是“女子无欲便是德”。因此，表现在婚姻上，女性便是应该老老实实地听从“父母之命，媒妁之言”的安排，被月老从闺房中牵出，与一个陌生的男子结合，然后便在这个陌生的男子家中心甘情愿地去做传宗接代的工具，服侍丈夫，侍候公婆，抚养儿女，至于其他，则什么也不要说，不要做。这便是典型的贤妻良母。稍有不轨，则要冒犯“七出”之条，被赶出门去而遭人不齿。在此状态下，妻子“除了生育子女外，不过是一个婢女的头领而已。”①

如此封建婚姻对于性爱的长期压抑和扭曲，甚至使整个中国社会出现了较为普遍的变态心理。在传统社会中，中国人所标榜的恩爱夫妻是“举案齐眉，相敬如宾”。东汉名士梁鸿每逢吃饭时，妻子孟光举案齐眉，如同侍奉尊长，一直被传为佳话，被奉为模范夫妻的楷模。如此夫妻相处，正襟危坐，不苟言笑，才被认为合乎于礼的规定。相反，夫妻之间

---

①《马克思恩格斯选集》第4卷，第60页。

的感情，则被认为是不能为外人窥视的“闺房之私”，要表现一点亲昵，只有躲在紧闭的内室中。因此，《儒林外史》的作者吴敬梓与夫人一起在南京城下漫步，便要遭到有伤风化的中伤。而且，中国男女传统的表达互相爱慕的方式，也不像西方人那样直白地说“我爱你”，而是隐晦曲折，含而不露，以眉传情，以比喻来表述，气氛实在不亚于猜谜。如果爱情表达得坦率、主动，十之八九被认为是轻浮下流，遭人不齿。既使是这样偷偷摸摸地眉目传情，或者“墙头马上”讲了几句悄悄话，还导致那么多旷夫怨女一见倾心，爱得死去活来。这种现象，只不过是被长期压抑和禁锢的性爱的一种不正常反映而已。

传统封建婚姻对性爱的长期压抑和扭曲，所造成的变态心理表现在多个方面，但最主要的还是表现在对性爱社会性的严厉否定，而逼迫着个人内心的压抑性强烈追求上。为了否定性爱，伴随着封建礼教的不断强化，对性知识的禁锢也愈加严厉。在先秦时代，即使异常强调“媒妁之言”的孟子都直言不讳地说：“食、色，性也。”（《孟子·告子上》）在汉代，《汉书·艺文志》中还著录“房中家”的著作 8 家 186 卷，比农书 9 家 114 卷的卷数还多。但是，自此之后，性知识便被逐渐地禁锢了起来。这种性知识的被禁锢，从幼儿时便开始了。当好奇的孩子向父母提问自己是从哪儿来的时候，父母便撒谎了：北方人说是从田野里拾来的，江浙人说是从树丛中拣来的，就连上海人也说是在垃圾箱里拣到的。如此骗了一代又一代，代代都要有性行为，导致了代代性行为都是从愚昧无知的本能开始的，于是代代对性爱都变得那样虚伪。人人皆在内心里追求着真正的性爱，但人人见了男女接触便会联想到“淫”；看见裸露的胳膊便立刻联想到裸体乃至性；喜欢刺探别人的隐私并为之打抱不平；越是心地肮脏越是道貌岸然，并且还以自己的假道学攻击别人行为的所谓不端。于是，在被称为诗书礼乐之家的贾府里，也尽以发生些“扒灰的扒灰，养小叔子的养小叔子”之类的事情。19世纪末叶，已是十里洋场的上海，那些自我标榜高雅的达官贵人们，尽管以嫖妓、颂妓为趣事，吃起花酒来更是丑态百出，秽语连篇，但他们见到洋人夫妇手挽着手逛马路，见洋人为迎来送往而在公开场合拥抱接吻，也会大骂洋人毫无礼义廉耻。这就是性爱的变态所在。

传统封建婚姻对于性爱的排除、否定和压抑，甚至使中国的社会普遍存着爱情的低能症这种病态。在传统社会中，两性的结合完全地依赖于父母和媒妁的包办。媒妁的左右奔走，统一了男女双方父母的意见，然后，经过保媒、相亲、订婚、迎娶等一系列烦琐仪式，把两位婚姻当事人拉到了洞房中。如此结合，实在如同农村中公牛与母牛的配种没有什么区别，而那媒妁只不过是把母牛牵到公牛栏圈中的牵牛人而已。

爱情的低能症在当今社会中仍有着浓厚的影响和广阔的市场。尽管，现代社会已经允许恋爱自由、婚姻自主了，可是，由于习惯性运动所使然，导致人们在很大程度上并不看重这种自由，或根本不知道如何使用这个自由权利去争取爱情。在农村，男女的婚配仍然大都依赖着父母的操心、媒妁的奔走。在城市中，拉郎配式的介绍人也仍然大有人在。热心的朋友、同事往往充当起这样的角色：“喂，姑娘，找朋友吗。我认识一个小伙子，今年× ×岁，从× ×大学毕业，现在干× ×工作，长得很帅，如果有意，找个时间看一下”；“喂，小伙子，该成家了。我认识一位姑娘，今年××岁，从××学校毕业，现在干× ×工作，小模样长得很甜，如果有意，找个时间看一下”。如此雷同式的说教，可谓不绝于耳。于是，为了一个人能对上“象”，家人、亲戚、朋友、熟人，甚至连单位的领导也一齐运动了起来，而当事人反而不操心。结果，充当红娘的介绍人把两位异性“拉”在了一起见面，其他人则往往充当起品评人的角色，七嘴八舌提见解，尽是些把两个人能凑在一起的美言。之后，便是两个当事人开始压马路，谈得拢则谈，谈不拢即再谈一个，甚至有谈整排整连者，才挑到一个所谓的“意中人”。如此谈恋爱，实在与阿Q的“我要与你睡觉”差不多，仅仅把爱情作为结婚的手段而不是把争取真正的爱情作为目的。于是，“结婚是爱情的坟墓”便产生了，导致了婚后争吵打闹乃至离婚者大有人在。

爱情的低能症，曾经逼迫着过去的中国人不得不依赖媒人的奔波与串通，也迫使着现代的中国人依靠着介绍人的撮合去实现婚姻关系的建立。过去的媒人与现代的介绍人，虽然有着质的不同，但在某些方面所起的作用却是共同的。

媒妁之言啊，这个父系制确立时期的社会衍生物，何时才能终止你的作用，让两性去实现真正的爱情基础之上的结合，去恢复性爱的本来面貌呢。

（二）“红楼”透出了一丝光明

在清代，伟大的文学巨著《红楼梦》问世了。但是，这部光辉著作却被统治阶级宣判为“淫书”而将其打入了冷宫。这是中国文学界的悲哀，也是中国封建统治者的悲哀。

《红楼梦》是一部震惊中外的艺术价值极高的政治历史小说。其艺术价值即在于以爱情故事为中心，深刻批判了封建礼教的种种罪恶，无情揭露了封建统治阶级的奢靡丑行，从而展示了封建社会必然走向崩溃命运的历史规律。其中，最生动、最感人之处，即是贾宝玉和林黛玉的爱情悲剧。

这最感人之处所表明的便是：《红楼梦》不仅出色地完成了对当时封建社会的批判任务，而且对生活中的光明之处，对那些反对封建主义生活的叛逆者，特别是对违背封建礼教的纯真爱情，给予了热情的歌颂。

“红楼”透出了一丝光明。

这丝光明是对整个封建礼教反叛的光明。在《红楼梦》中，贾宝玉和林黛玉分别被作为男女主人公而有着光辉形象。出身于“钟鸣鼎食之家，诗书簪缨之族”的贾宝玉，像荣国府所有主子一样，也毫无例外地过着剥削阶级的优裕生活。但是，这个被娇养在膏粱锦绣中的贵公子却利用封建家族内部矛盾造成的空隙，尽情地“在内帏厮混”，例外地以男性之身而成为大观园这个女儿国中的“混世魔王”、“菩萨哥儿”，从而造就了他“见了女儿便清爽，见了男子便觉浊臭逼人”的与“男尊女卑”对着干的性格特征，形成了整日价“杂学旁搜”、“参禅悟道”，追求精神解放，鄙视“立身扬名”、“仕途经济”的人生观格调。而林黛玉虽出身于世袭侯爵的书香门第，但自幼父母双亡而不得不以亲戚的身份长期寄居在贾府。寄人篱下的生活，在她内心深处淤积成清除不掉的隐痛，形成了“多愁善感”的性格特征。于是，林妹妹的美丽、高雅、多情与多才，深深地吸引着浪漫、自由、风流与反叛的贾宝玉，两者弹奏了一曲自由恋爱之歌。

“红楼”里透出的一丝光明，绝不仅仅在于反对封建包办婚姻，而是一种以反对整个封建主义为其思想内容的爱情之歌，因而较其他许多描写古代爱情的作品具有了更为广阔的社会意义。以往的古代作品中所描写的爱情，常常是建筑在对“夫贵妻荣”这样的封建思想和生活标准的追求上，即所谓“她有德言工貌，小生有温良恭俭”、“六宫宣有你朝拜，五花诰封你非份外”等等，都是以封建道德为男女结合的标准，以封建主义的荣誉观为爱情的幸福观的。而《红楼梦》则完全打破了这样的思想局限，淘汰和批判了封建婚姻的外在标准。在贾宝玉的周围，有两位女子最值得他选择：依人为命的林妹妹，性格与贾宝玉相投，特别是在反封建主义这一点上两人有着共同的要求；而那个很“会做人”的薛宝钗，则是一位“德言工容”俱佳，而且还有过人的“才”的标准封建佳人，然而却是一位极力主张“女孩儿家不认字的倒好”，极力教劝贾宝玉去“立身扬名”，不可荒疏“仕途经济”的与贾宝玉的思想格格不入的封建佳人。在两者之间，贾宝玉曾经历过了一段无所适从的彷徨。起初，贾宝玉没有把全部的精力倾注在林黛玉身上，曾一度摇摆于林薛之间，常常是“见了姐姐就把妹妹忘了”。只是到后来发现薛宝钗的思想性格与自己相左时，他才极力反对“金玉良缘”而把爱情专注于林妹妹。这是两种思想、两种生活道路的矛盾冲突。就是这种矛盾冲突，才使“红楼”中透出一丝光明，一丝争取纯真爱情必须反对整个封建主义的光明。

在“红楼”所透出的这丝光明之中，两位爱神相倾心了。宝哥哥与林妹妹都厌恶当时唯利是图、唯名是争的社会，都憎恨贾府中上上下下不同层次之间的钩心斗角、虚伪和欺骗，都向往着自然的美、纯真的爱，都追求着感性情感的满足，因而投入到一个相互理解、相互爱慕，从内心深处到灵魂和骨髓都凝成一个整体的世界之中。在这个盈满诗情画意的世界里，两位爱神“昼则同行同坐，夜则同止同息，真是言和意顺，似胶如漆”。宝哥哥误以为林妹妹要南归，竟吓得昏厥了过去；林妹妹见宝哥哥稍没把心思放在自己身上，便哭得泪人儿似的。两位爱神终于从两小无猜发展成为生死相恋的情人。

但是，爱情并没有给这两位爱神带来很多的幸福。在18世纪的中国，宝哥哥与林妹妹的生活理想及爱情方式，还不可能找到强大的社会力量给予支持。相反，周围的一切却组成了扼杀这丝光明的强大阵营。以贾母为首的一群封建家长所组成的封建势力，在长期的日常生活观察中，已经对林黛玉的不合封建闺范的“脾性儿”愈来愈厌恶，而对和她性格完全相反的薛宝钗却非常好感。因此，在决定贾宝玉婚娶对象的最后时刻，贾母、王夫人等便采取凤姐的“调包儿”诡计，偷娶了薛宝钗。就这样，蛮横的封建势力无情地窒息了“红楼”中所透出的一丝光明，使大观园中的爱情以悲剧而告终：林妹妹随着爱的被泯灭而终止了生命；宝哥哥因美丽的爱情被苦涩的婚姻所取代而把精神、思想和感情转移到佛的世界；薛宝钗虽然同贾宝玉结成夫妻，但终没有获得幸福，很快即坠入了守寡的深渊。这一死一走一守寡的悲剧，弹奏了一曲美丽而悲壮的爱情之歌的同时，也控诉了封建势力绞杀神圣爱情之光的罪恶。

如此归宿、如此结局，又有谁不为之叹息，不为之抱不平，不为之深思？深思的结论便是，失败、悲剧、苦果在当时是必然的。这是因为，“红楼”所透出的一丝光明，实在太微弱了。

孕育和滋生这丝光明的时代，还不可能提供更强大的反封建主义的力量。18世纪的中国，已进入封建社会的末期，明代中叶之后所出现的资本主义萌芽虽已破土而出，但仅仅是萌芽而已，仍是封建汪洋大海中的一叶孤舟。适应着资本主义因素的萌发，商品经济的发展和繁荣必然要引起人们对人的个性的追求和恢复，从而导致了对整个封建社会的冲击和叛逆。表现在恋爱婚姻上，则是突破传统的封建婚姻观，争取自由恋爱、自主婚姻的实现。这种状况，导致了自明代中叶起，文艺作品的侧重点已不再是宣扬才子佳人靠科举仕途、金榜题名实现爱的结合，市民的奋斗也不再是靠自己的双手和辛辛苦苦的劳动去成家立业，而是在宣扬着期望一本万利、横财致富去完婚立业的思潮。因此，“媒妁之言”的作用自明代中后期似乎开始有所变更了。

这种改变在明中期之后的一些文艺作品中是有所反映的。《拍案惊奇》“李将军错认舅”中的刘翠翠与金宝，爱得死去活来，刘妈妈为了女儿的生命，也顾不得什么门当户对，于是便请媒人去金宝家提亲，使一对青年“各称心怀”。而该书“陶家翁大雨留宾，蒋震卿片言得妇”中的媒人阮太始，则是在婚姻当事人私自成亲一年并生了个儿子之后才被聘请为媒人的。“权学士权认远乡姑，白孺人白嫁亲生女”中的媒人妙通，也是在婚姻当事人深受情欲熬煎，如痴如狂，父母只愁中间没个人撮合的情况下，欣然答应为媒的。（图 21）如此媒人，已不具备“斟酌二姓”的作用，纯粹是出于形式的需要而设置的，反映着媒妁对于男女青年婚姻命运任意摆布的色彩已开始淡化了。这种状况的出现，是明代中叶后伴随着资本主义萌芽的发生，引起社会风气变化的一种表现，反映了“父母之命，媒妁之言”信条的被动摇和开始松动的时代气息。

图 21　尼姑妙通在为一对钟情人儿做媒

（选自《二刻拍案传奇·权学士权认远乡姑》连环画）

不过，这种时代气息实在是太微弱了。因此，《红楼梦》还写了那么多的媒人，其中有民间的一般性媒人，也有官媒婆，还有贾母那样的大媒。这表明，明清之际媒人作用的开始降低和削弱，仅是社会发展之中要求变革婚姻制度和婚姻观念的一种先声。

正是因为如此，明清乃至民国年间，恶媒人仍猖狂地拨弄着男女的婚事。若是人们贪图钱财或美貌而丧失戒备之心，则往往会钻入其圈套而被宰割、坑害。对此，《点石斋画报》

曾有过较多的记载。清代末年，浙江富商齐某，因年近花甲无子而焦心，意欲纳妾续弦，长舌妇马氏得知后自愿担当媒婆，得白银 20 两而借个姑娘与齐某相亲，后因齐某满意又得赏银 50 两，且把聘金、聘礼全入了自己的腰包，最后设计让齐某娶了个白面木观音。结果，齐某大呼上当，媒婆逃之夭夭。苏州阊门外某甲是个裁缝，年逾不惑，小有积蓄，见某女楚楚动人而托媒人作伐。媒人往返数次，耗去某甲裁缝资产大半，婚事才算有答复。及至娶新妇到家，发现却“是个草人”。而镇江南门内的梁某，因被媒人欺骗，竟使爱女被拐卖他乡。如此众多传闻性记载说明，直至清朝末年乃至民中年间，民间恶媒仍在横行不法，恶媒赖以生存的社会土壤仍然没有被清除掉多少。

值得注意的是，在声势浩大的“五四”新文化运动中，已经觉醒的中国人开始举起了反帝反封建的大旗，吹响了向封建包办婚姻进攻的号角。五四运动爆发以后，当时流行的“社会改造”、“妇女解放”、“劳工神圣”等思想，便成为新文学作品的重要内容。从此，古代文学中争取婚姻自由的主题便贯穿了彻底批判和否定整个封建制度及其思想体系，求取个性解放的新思想。

因此，才使巴金笔下的“家”里吹进了一股强劲的春风，引起了一阵足可以震撼整个封建堡垒的波澜。但是，在这个已经资产阶级化的封建家庭高公馆中，哪个小姐、少爷、丫头的婚姻又不是由“父母之命，媒妁之言”强制决定的？尽管有的失败了，但同样说明封建婚姻观念的难以摆脱性。因此，在这个“家”中，那些维护封建礼教的老一代卫道者们，表面温文尔雅，背后则相互倾轧，明争暗斗，腐朽龌龊，荒淫无耻，导致了梅的悒郁而死，瑞珏的命运惨痛，鸣凤的投湖悲剧，婉儿的被迫出嫁。而觉新这个为封建制度所熏陶从而失掉了反抗性格的青年人，虽然有着正确的是非观和爱憎观，也懂得摧残自己的是“全个礼教，全个传统，全个迷信”，但是，他无力挣扎，只能做一个旧礼教制度下的牺牲者和不自觉的维护者。只有觉慧才对旧势力“不顾忌，不害怕，不妥协”，认识到这个家是“无可挽救的了”，敢于大胆的爱，大胆的恨，最后终于无所顾忌地离家而出走了。这就是那个已有了春天气息的“家”，那个悲欢离合的“家”啊！

从“红楼”到“家”，从贾宝玉到觉慧，时间不过跨越了近两个世纪，但中国却发生了极大的震动。近代资产阶级思想的传入，尤其是马列主义思想的传播，使觉醒的中国人逐渐地认识到封建主义是制约中国人解放的桎梏，其中也包括封建婚姻对于中国人的人性摧残。这样，就使中国人经历了一个由不自觉反对包办婚姻到自觉反对封建礼教的转变，开始迈向了追求恋爱自由、婚姻自主的征途了。这是中国人的思想上的解放，是婚姻上的解放、爱情上的解放。

于是，“红楼”透出的一丝光明，变成了“家”中的一股浩荡春风。这意味着，世道将要变了，包括媒妁风俗在内的一切旧传统也将要发生质的变革了。

（三）“解放了，天亮了”

1949 年 10 月 1 日，中华人民共和国诞生了！中国人民从此站起来了！

“解放了，天亮了。”站起来的中国人，从心底里由衷地唱出了奴隶翻身当家做主人的歌。

“我们不但要打碎一个旧世界，而且要建设一个新世界”。中华人民共和国的缔造者，代表站起来的中国人民，向全世界宣布了自己的诺言。在领袖们的带领下，扬眉吐气的中国人民开始向一切旧势力、旧传统宣战，废除了一切旧制度，建立起一系列旨在维护人民利益的社会主义新制度。

1950 年 5 月 1 日，中华人民共和国刚刚诞生不久，中央人民政府即颁布了《中华人民共和国婚姻法》。这部《婚姻法》庄严宣布：废除包办强迫、男尊女卑、漠视子女利益的封建婚姻制度，实行男女婚姻自由、一夫一妻、男女权利平等、保护妇女和子女合法利益的新婚姻制度；禁止任何人借婚姻关系问题索取财物；凡因干涉婚姻自由而引起的死亡或伤害事故者，干涉者一律应负刑事责任。从此，中国人有了恋爱自由、婚姻自主的权利，有了这种权利的法律上的保障。

这是中国人前仆后继、争取自由和解放的辉煌标志，是指引中国人去争得真正纯朴爱情和幸福婚姻的保护神。

在法律作为婚姻保护神的时代里，建国初期，一大批反抗包办婚姻的斗士以此为根据，解除了已缔结的婚姻关系，自由地“对”上了象，从而导致了我国解放后出现的第一个离婚高潮。

但是，事过境迁，人们即发现，《婚姻法》的颁布是一回事，而传统的“父母之命，媒妁之言”又是另一回事。主张恋爱自由、婚姻自主的法律颁布，绝不等于传统的包办婚姻即已被完全中止，“父母之命，媒妁之言”仍以不同的面貌在顽强地表现着自己。

传统势力是最顽固的。在我国已延续了数千年的媒妁风俗，自19世纪中叶开始即受到外来文化和社会风潮的冲击。五四运动以来，崇尚爱情和婚姻自主思想的觉醒，对中国传统婚姻观的崩溃起到了一定的作用。新中国成立后，旧的封建婚姻制度被废止，经过几十年的不断革故纳新，无论是中国人的婚姻观念，还是婚姻生活的实际状况，皆发生了重大变化。但是，在中国这块土地上，尤其是在中国的广大农村中，男女青年婚姻关系缔结的普遍状态仍表现为强制与自由的中和，“父母之命，媒妁之言”的旧传统并没有因为封建社会的被埋葬而被彻底消灭。

在农村中，大多数婚姻关系的缔结方式仍然带有着封建色彩，但又不是绝对的包办婚姻，婚姻当事人的意见也在不同程度上得到了承认。因而，婚姻关系缔结的普遍形式，是由父母、媒人、当事人三位一体决定，即由父母做主，媒人牵线，当事人点头。媒人的作用已得到了削弱，尤其是媒人的意见已不能完全地发挥其撮合男女婚姻的能力，仅是能够起到传递信息、增加男女之间互相了解、相当于“参谋”的作用。因此，农村的媒人也像城市的媒人一样，多被称为“介绍人”。

在城市中，为男女婚姻关系缔结而做介绍人者也大有人在。虽然，城市男女青年自由恋爱的广泛性要比农村大得多，但是，两者在认识之前也存在着由介绍人将素昧平生的两位异性“拉”在一起的现象。之后，才开始了所谓的“自由恋爱”。这阵势，也实在不乏拉郎配的味道。

不过，农村男女青年的介绍人与城市男女青年的介绍人有较大的区别。从两者的人员组成上看，农村的介绍人与过去的媒人没有多大的区别。虽然，其中亲友占有着较大的比例，但能说会道的中老年妇女且惯于为人做媒者也大有人在。相反，城市男女青年的介绍人，或是自己的同事、同学、老乡，或是自己的领导及工会、团委、妇联等方面的热心人。这种人员组成上的不同，决定了农村男女青年的婚姻介绍人更带有着旧时媒人的色彩。

而且，两者在其作用上也有所不同。农村男女青年的介绍人几乎要负责从婚姻关系的缔结到完婚仪式举行的整个过程，仍然要参与相亲、订婚、议聘礼、定日子直到迎娶等所有仪式，与旧时的媒人实在没有多大区别，有的地方甚至仍然存在着“谢媒”等内容。相反，在城市中，婚姻介绍人的作用一般表现为仅是将两位青年人“拉”在一起互相认识而已，至于以后两者之间恋爱关系的建立与否，以及婚礼举行时的仪式如何，则取决于婚姻当事人是否能谈得来、商量得通了。两种介绍人的这种不同，似乎显示了其间有着某些质的不同。

农村与城市的婚姻介绍人之所以存在这些差别，最根本的在于两者有着不同的社会氛围。在农村，由于农业生产活动所决定，广大青年仍然生活在其祖祖辈辈原来即生活居住的那块土地上，其通婚范围也不会得到新的扩大。因此，适宜于通婚的异性青年的接触也大都凭着偶然的机会而相互认识，很难以通过较多的观察而达到爱情萌发的地步。即使当今有着大量的农村青年离开了那块黄土地而到城市中打工，但也大都表现为一块乡土上来，一块乡土上回，农闲时打工，农忙时归乡，今日这个城市来，明天那个城市去的特点。因而，农村青年异性之间的恋爱也缺乏必要的机遇。

何况，农村整体文化水平的落后，也导致了封建婚姻观念仍然有着继续存在下去的肥沃土壤。例如，农村业余文化生活极少，家长对子女的活动有着严厉的限制，农村青年的劳动受父母的分派，其收入也不能自由支配，文化素质亦较低等等。这样，生产活动的分散、生活交际的封闭、子女对于父母的依赖，以及文化信息的贫乏等因素，势必影响了农村青年的自由恋爱和自立婚姻的开展及实施，造成了父母、媒人、当事人三位一体决定婚姻的局面。因此，介绍人也表现为由旧时的媒人脱胎而来所带有的某些特点。

相反，城市的介绍人则处于男女青年恋爱与结婚的无足轻重的地位上。城市青年大都来自五湖四海，其文化素质也相应比农村青年高得多。而且，城市中也存在着适宜青年人自由恋爱、自主婚姻的社会氛围。这样，城市的介绍人即完全可以把一对青年人“拉”在一起之后，便可放心地让其谈下去了，若再多管，便有画蛇添足之嫌了。

不过，即便是城市介绍人，也同样带有着旧时媒人那种拉郎配的特色。爱情是婚姻的基础，是两性之间无私的真诚相爱和心灵的融合。爱情的萌发和恋爱关系的建立，应该是而且也必须是在男女之间长期相处，互相交往和理解的基础上的进一步升华，而绝不是将一对陌生青年由介绍人“拉”在一起便谈起恋爱来。如此方式，虽然凑合了一些青年人的幸福婚姻，使婚姻带有了更大的自主性，但往往能造成过去那种一见钟情式的恋爱与婚姻，使当事人突然进入与异性那种不寻常的接触之中，从而陷入了没有思想基础的浪漫幻想之中，导致把对方的一切都看得那么完美无瑕而坠入情网，影响恋爱和未来婚姻的质量。因而，如此介绍人，同样能制造出许多令当事人感到不能称心如意的婚姻来。

何况，被称为介绍人的媒人，有时仍在凑合着无爱情的婚姻。这种情况，无论在农村，还是在城市中都曾经发生过。据有的学者分析，我国60％以上的夫妻，并没有真正建立在性爱自由的基础上。目前仍然存在的强迫包办婚姻，即是公然践踏人类性爱自由权力的一个突出问题。今天，在农村，甚至在不少城市中，父母包办婚姻仍然大量存在。有的农村青年，无力反抗被包办的婚姻，不得不痛苦地例行着被强迫的夫妻义务，有的甚至被迫而死，以致含恨黄泉。

问题的严重性更在于，有些文化层次相当高，或者身为国家干部的家长，也把干涉子女的恋爱和婚姻当成是做父母的责任，并美其名曰“出于为儿为女的一片爱心”。当他们认为子女自己选择的爱侣“门不当，户不对”时，便要蛮横干涉，逼迫子女就范，非要子女服从自己与介绍人为其张罗的“对象”不可。如此必须由介绍人参与串通的包办婚姻，在历史发展到今天的现在仍大量存在，既是文明中国的可悲，是中国父母的可悲，也是当代介绍人的可悲。

当代介绍人这种可悲的发生原因，仍在于传统观念的作祟上。且不说“门当户对”旧观念支配着介绍人串通和撮合的行为，导致了“局长与局长的子女联姻，办事员与办事员的子女通婚”现象的存在；也不说“男尊女卑”旧思想的影响，导致了介绍人常把学历较低的女子介绍给学历较高的男子，致使女强人、女研究生无人敢为之做红娘的现象出现；还不说“郎才女貌”旧意识的驱使，导致了介绍人在陌生男女相见之前总是说男的如何有才华，女的长得如何俊秀的老生常谈如雷贯耳，单说基于婚姻对于维系和巩固家族功能所产生的婚姻是家族的而非是当事人的事情的旧观念，则导致了类似旧时媒人的介绍人的继续存在，以及某些令人难受的社会氛围和观念意识的形成。

在过去，排斥爱情的婚姻对于家族的维系和巩固有着决定性的作用，因而形成了家族成员，尤其是父母和亲属、媒人为了儿女的婚事而奔忙的现象。这种现象直至今天仍司空见惯，仿佛婚姻当事人对于自己的婚事反而不如其父母、亲戚、朋友、熟人及介绍人更为着急和热心。这种状况真有点俚语所说“皇帝不急太监急”的来头。为了实现“男大当婚，女大当嫁”的传统观念，一旦青年男女进入该婚嫁而没有婚嫁的年龄，不仅家人急了，而且连亲戚朋友也急了，热心的介绍人更是接踵登门，周围一切人的积极性都会被充分调动了起来。不管已到成婚年龄的当事人有着千条万条晚婚或独身的理由，都将得到无休止的劝说而被迫拖到找对象的道路上去。好像一个人若不成家就不为社会所容，就不算是个人，至于被拉在一起的一对青年有没有纯真的爱情却很少有人过问。

习惯势力如此重视婚姻而不尊重爱情，甚至在某些时期造成了已获得婚姻自主权力的中国人的婚姻悲剧。“文革”浩劫中，不仅有父母包办婚，而且有上级对下级、组织对个人的包办婚姻。一些人把与某领导、某英雄人物结婚作为政治任务完成，由组织做红娘安排婚姻的现象所在多有。在那个“以阶级斗争为纲”的时代里，谈情说爱被视为洪水猛兽，婚姻被视为政治行为，爱情和自主婚姻都受到了极大的压抑和扭曲。领导和组织不但拥有安排下级和个人结婚的权力，而且还拥有不允许下级、个人与某人结婚的威严，导致了相互钟情者被拆散现象的发生。在此时代里，恋爱自由、婚姻自主在中华大地上走过了一段令人痛心的弯路。

不过，旧式媒人被当代介绍人的替代，终究表现了旧传统观念的被改造和现代社会的不断变革。伴随着物质文明和精神文明水平的不断提高，“人和人之间的直接的、自然的、必然的关系是男女之间的关系”①，也越来越受到精神美、心灵美这些具有永恒价值条件的支配和制约，从而导致了介绍人的作用越来越呈现为减弱和淡化的状态。介绍人只起介绍

① 马克思：《1844 年经济哲学手稿》，《马克思恩格斯全集》第 42 卷，第 119 页。

认识作用的现象，无论在城市，还是在农村，都已经成为一种普遍的现象。

适应着这种变化，一些新闻媒介也开始加入进介绍男女青年互相认识的行列中来，成为一种新的“红娘”。在各种报刊上，特别是以市民为读者对象的各大中城市的晚报，以及以青年为读者群的刊物，都有形式各异的征婚广告，辟有“鹊桥会”、“芳草地”、“有情人”、“红丝绳”等不同栏目，登载着青年男女择偶的大量信息。有的青年人甚至运用已深入到每家每户的电视，通过荧屏来选择自己的意中人。北京电视台还专门辟有“今晚我们相识”征婚栏目，为青年男女直接在屏幕上介绍自己的情况、提出择偶条件和希望提供了方便。而且，伴随着电脑的普及，计算机也加入男女征婚的行列中来。北京某区民政局所创办的一个计算机征婚中心，数据库中储存有众多征婚男女青年的有关资料，青年人可以运用计算机来选择自己的意中人。据有的学者对婚姻满意与否的调查，按通常方式由介绍人介绍结婚者满意率仅为16%，而靠计算机介绍者满意率竟达44%。①

而且，更值得注意的是，婚姻介绍所在我国各城市中相继出现并成为一种重要的专门性婚姻介绍机构。世界上最早的婚姻介绍所诞生于1650年，设立于英国伦敦纤维街“楼阁酒店”隔壁，名为“各项联络介绍事务所”。其宗旨的第20项为：“凡为自己或熟人寻找对象，本所可以介绍人品、财产适合的对象。”目前，婚姻介绍所最为普遍的国家当数日本。总部设在冈山市的全日本媒人联合会所主办的婚姻介绍所，网络所及，几乎遍及整个日本列岛。该所拥有600余名红娘，能将各地求婚者的信息随时寄往总部，之后，由总部将求婚者的年龄、学历、职业、身高、体重、住址、婚次、家庭状况和对所追求心上人的意向等情况整理汇总，每月向各地红娘提供一次信息，以便使每个红娘身边通常都拥有的二三十个求婚者能选择到可意的配偶。②

婚姻介绍所的出现，是工业社会生产方式不断深化的结

---

①〔日〕国分康校著；王江、段永萍译：《婚姻心理》，世界知识出版社，1987年版，第67页。

②《愿有情人终成眷属》，《参考消息》，1984年10月18日。

果。社会性工业生产使青年人离开黄土地而进入城市，能够不分性别地在一起工作、学习和生活。但是，由于工业生产的不同门类所决定，重工业部门有着较多男青年，而轻工业部门则女青年较多。这种适应分工需要而形成的性别集合，造成了一些未婚男女难以找到较满意的对象，有的甚至形成了较为严重的社会问题而导致了大龄未婚青年的较多存在。加之，伴随着工业化程度的不断提高，生活节奏愈发加快，为工作和生活而奔忙的人们也越来越难以有闲情逸趣去担任那无关紧要的介绍人。因此，婚姻介绍人也逐渐减少而不得不由社会性婚姻服务机构来办理。以新闻媒介和婚姻介绍所来传播和介绍征婚信息，便是介绍人功能逐渐萎缩后而转变为社会化功能的产物。

在我国，婚姻介绍所虽不普及，但其功能却较广泛。通过对北京、上海、天津、广州等地所举办的婚姻介绍所的实际状况看，不仅青年人到这些机构中寻求配偶，即使那些丧偶之后而有意再婚的老年人也乐意光顾。这种迹象说明，在我国，不仅青年人寻找意中人有着一定困难，而且老年人丧偶之后再婚会有着更大的阻力。这大概是婚姻介绍所之类的机构能够得以生存和发展的一个原因。

由媒人而到介绍人，再由介绍人而到新闻媒介征婚和婚姻介绍所，这似乎勾勒出了媒妁风俗在当今中国发展演变的一条轨迹。那么，沐浴着时代春风和春雨的社会性婚姻服务机构，在未来的岁月中，又将出现何种新的变化呢?

后　记

媒妁，是个古老而又古老的话题。

婚姻介绍人，又是一个全新而又全新的话题。

古往今来，人们赞颂媒妁，诅咒媒人，依赖月老，并间或去充当红娘，时不时地唠叨并实践着这个话题。在诅咒与赞颂声中，在实践与反实践中，媒妁风俗发生发展着；在依赖与充当之下，在怂恿与抵制之中，媒妁风俗衍化演变着。于是，历代的媒人或用龌龊的，或用光明的心灵和言行，描述了一条绚丽多彩而又复杂错乱的媒妁风俗变迁的轨迹，组成了散发诱人香气和窒息恶臭的混浊不堪的媒妁风俗长卷。

但是，可能基于媒婆的卑劣，或是基于月老的神秘，以及红娘的圣洁等等原因，在学者们的笔下，媒人仅能依附于婚姻史、文学史、性爱学等等学问而生存着，还没有人为她立一个“小传”。于是，便不自量力，向读者奉献了这本小书，妄图勾勒一下中国媒妁风俗的变迁，为媒人立个“传”，以期为中国婚姻史、民俗史的研究提供一块或许能够称得上是“奠基的石块”。

但是，应该请求原谅的是，研究中国婚俗，我们虽曾努力过，并有一本名为《中国婚俗》的书问世。不过，一旦专谈起媒人来，则感到资料是那样的匮乏。因此，不得不广搜遍集，连文学作品中的资料也拿来去做媒妁风俗演变与发展的注脚。于是，被人尊敬的红娘和遭人切齿的王婆等都被搬进书中来，成了探索媒人制造那样众多的喜剧、闹剧和悲剧原因的“例证”。

虽然书中所用资料庞杂，但有关媒妁风俗演变的轨迹及媒人的种种脸谱，我们还是尽力去勾勒了。或许这是失败的、不成功的。好在该小册子为《中国俗文化丛书》中的一种，也算是滥竽充数吧。

在此书的写作过程中，曾得到过山东教育出版社刘连庚先生、山东大学叶涛先生等人的指导和鼎力相助，在此一并表示谢忱。

陋室僻壤，学浅识乏，贻笑大方，恳求教正。